プリント形式のリアル過去問で本番の臨場感！

宮崎県

宮崎第一中学校

2025年春受験用

解答集

本書は，実物をなるべくそのままに，プリント形式で年度ごとに収録しています。
問題用紙を教科別に分けて使うことができるので，本番さながらの演習ができます。

■ 収録内容

・解答集（この冊子です）

書籍ＩＤ番号，この問題集の使い方，最新年度実物データ，リアル過去問の活用，
解答例と解説，ご使用にあたってのお願い・ご注意，お問い合わせ

・2024（令和６）年度 ～ 2021（令和３）年度　学力検査問題

JN132306

○は収録あり	年度	'24	'23	'22	'21		
■ 問題(前期)		○	○	○	○		
■ 解答用紙		○	○	○	○		
■ 配点							

算数に解説
があります

☆問題文等の非掲載はありません

教英出版

■　書籍ＩＤ番号

入試に役立つダウンロード付録や学校情報などを随時更新して掲載しています。
教英出版ウェブサイトの「ご購入者様のページ」画面で，書籍ＩＤ番号を入力してご利用ください。

書籍ＩＤ番号　105445

（有効期限：2025年9月30日まで）

【入試に役立つダウンロード付録】
「要点のまとめ(国語／算数)」
「課題作文演習」ほか

■　この問題集の使い方

年度ごとにプリント形式で収録しています。針を外して教科ごとに分けて使用します。①片側，②中央のどちらかでとじてありますので，下図を参考に，問題用紙と解答用紙に分けて準備をしましょう（解答用紙がない場合もあります）。

針を外すときは，けがをしないように十分注意してください。また，針を外すと紛失しやすくなりますので気をつけましょう。

① 片側でとじてあるもの

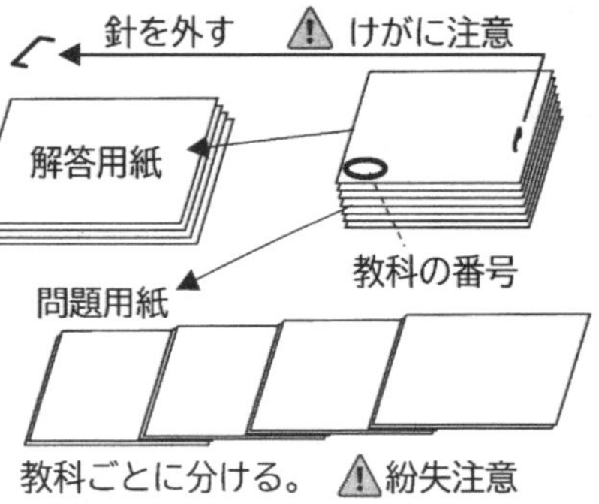

② 中央でとじてあるもの

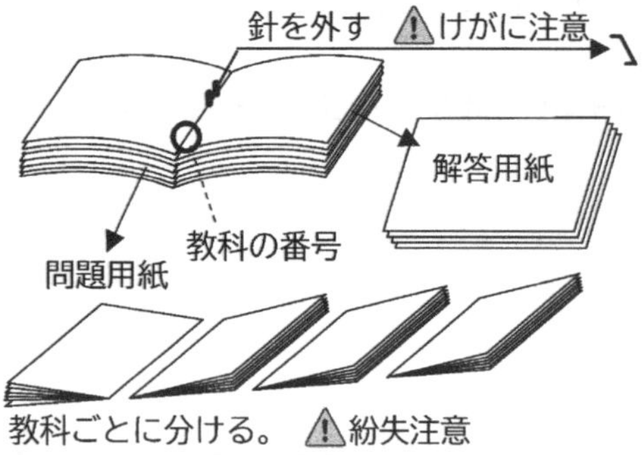

※教科数が上図と異なる場合があります。
解答用紙がない場合や，問題と一体になっている場合があります。
教科の番号は，教科ごとに分けるときの参考にしてください。

■　最新年度　実物データ

実物をなるべくそのままに編集していますが，収録の都合上，実際の試験問題とは異なる場合があります。実物のサイズ，様式は右表で確認してください。

問題用紙	Ａ４冊子(二つ折り)
解答用紙	Ａ３片面プリント

リアル過去問の活用

～リアル過去問なら入試本番で力を発揮することができる～

本番を体験しよう！

問題用紙の形式（縦向き / 横向き），問題の配置や余白など，実物に近い紙面構成なので本番の臨場感が味わえます。まずはパラパラとめくって眺めてみてください。「これが志望校の入試問題なんだ！」と思えば入試に向けて気持ちが高まることでしょう。

入試を知ろう！

同じ教科の過去数年分の問題紙面を並べて，見比べてみましょう。

① 問題の量

毎年同じ大問数か，年によって違うのか，また全体の問題量はどのくらいか知っておきましょう。どのくらいのスピードで解けば時間内に終わるのか，大問ひとつにかけられる時間を計算してみましょう。

② 出題分野

よく出題されている分野とそうでない分野を見つけましょう。同じような問題が過去にも出題されていることに気がつくはずです。

③ 出題順序

得意な分野が毎年同じ大問番号で出題されていると分かれば，本番で取りこぼさないように先回りして解答することができるでしょう。

④ 解答方法

記述式か選択式か（マークシートか），見ておきましょう。記述式なら，単位まで書く必要があるかどうか，文字数はどのくらいかなど，細かいところまでチェックしておきましょう。計算過程を書く必要があるかどうかも重要です。

⑤ 問題の難易度

必ず正解したい基本問題，条件や指示の読み間違いといったケアレスミスに気をつけたい問題，後回しにしたほうがいい問題などをチェックしておきましょう。

問題を解こう！

志望校の入試傾向をつかんだら，問題を何度も解いていきましょう。ほかにも問題文の独特な言いまわしや，その学校独自の答え方を発見できることもあるでしょう。オリンピックや環境問題など，話題になった出来事を毎年出題する学校だと分かれば，日頃のニュースの見かたも変わってきます。

こうして志望校の入試傾向を知り対策を立てることこそが，過去問を解く最大の理由なのです。

実力を知ろう！

過去問を解くにあたって，得点はそれほど重要ではありません。大切なのは，志望校の過去問演習を通して，苦手な教科，苦手な分野を知ることです。苦手な教科，分野が分かったら，教科書や参考書に戻って重点的に学習する時間をつくりましょう。今の自分の実力を知れば，入試本番までの勉強の道すじが見えてきます。

試験に慣れよう！

入試では時間配分も重要です。本番で時間が足りなくなってあわてないように，リアル過去問で実戦演習をして，時間配分や出題パターンに慣れておきましょう。教科ごとに気持ちを切り替える練習もしておきましょう。

心を整えよう！

入試は誰でも緊張するものです。入試前日になったら，演習をやり尽くしたリアル過去問の表紙を眺めてみましょう。問題の内容を見る必要はもうありません。どんな形式だったかな？受験番号や氏名はどこに書くのかな？…ほんの少し見ておくだけでも，志望校の入試に向けて心の準備が整うことでしょう。

そして入試本番では，見慣れた問題紙面が緊張した心を落ち着かせてくれるはずです。

※まれに入試形式を変更する学校もありますが，条件はほかの受験生も同じです。心を整えてあせらずに問題に取りかかりましょう。

2024 解答例 宮崎第一中学校
令和６年度

《国　語》

一　問一．a．誤解　b．明快　c．単純　　問二．A．エ　B．ア　C．イ　D．オ　E．ウ
問三．現実社会でうまくいかないからネットに逃げるのか、ネットに逃げるから現実社会でうまくいかないのか、
問四．(もの)足りない　　問五．もともと友達とうまくいっていない人がネットに逃げていってる
問六．ネットで自分の関心のあるものにしか触れようとしないから。
問七．(自分で)知りたい、見たい、聞きたいという気持ち　　問八．①×　②○　③×　④×

二　問一．A．イ　B．ウ　　問二．ウ　　問三．ライツィハーが帰ってこないという(つらい)現実を受け入れる（下線部は認めるでもよい）　　問四．X．エ　Y．ウ　　問五．ア　　問六．ア

三　問一．①成績　②複製　③保留　④蔵書　⑤断腸　⑥賃金　　問二．①さか　②れんめん　③きょうちゅう　④ふる　　問三．①です　②まいり〔別解〕うかがい　③くださった　④うかがって　⑤ごらんください

《算　数》

1　(1)10115　(2)12　(3)12.6　(4)$2\frac{1}{4}$　(5)0　(6)$1\frac{13}{24}$

2　(1)4　(2)23　(3)382　(4)ア．14　イ．45　(5)46

3　(1)24　(2)64　(3)1800

4　(1)12　(2)23.14　(3)62.065

5　3

《社　会》

1　(1)②　(2)④　(3)屋根　(4)②　(5)輪中　(6)①　(7)良い点…CO_2の排出量が少なく環境にやさしいこと。／自然災害などで停電した際に蓄電池として利用できること。　などから１つ　問題点…航続距離が短いこと。／充電に時間がかかること。　などから１つ　(8)④　(9)③

2　(1)(ア)前方後円墳　(ウ)明智光秀　(2)【イ】大仙　【オ】天下の台所　(3)ワカタケル大王が，九州から関東にかけて支配をしていたことが出土した鉄刀や鉄剣から分かる。　(4)Ⅰ．③　Ⅱ．④　(5)①　(6)③
(7)【人物名】豊臣秀吉　【政策名】刀狩令　【政策の目的】百姓から武器を取り上げることで，一揆などの反抗を防ぎ，農業に専念させ，年貢を納めさせる目的　(8)諸藩の蔵屋敷が置かれたことにくわえ，西まわり航路で東北などの産物が運びこまれたから。　(9)大名，僧，子どもたちなどはば広い層の人々が全国各地で学べるようになった。

3　(1)(A)憲法　(B)国会　(C)条例　(2)①最高　②高等　③地方　(3)裁判を慎重に行い，間違った判決が出ることを防ぐため。　(4)①，③，④　(5)②

《理　科》

1　(1)二酸化炭素　(2)アルカリ性　(3)C．うすい塩酸　D．石灰水　(4)中性
(5)E．水酸化ナトリウム　F．うすい塩酸　(6)4

2　(1)上皿てんびん　(2)左右に等しくふれる　(3)重いもの　(4)27.9　(5)c　(6)ウ　(7)ウ
(8)糸の長さ（下線部はふりこでもよい）

3　問1．ア．ヨウ素液　イ．気孔　ウ．蒸散　問2．④　問3．番号…③　管の名前…血管
問4．○か×を記入…○　理由…蒸散によって出た水によってふくろの内側に水滴がつくから。
問5．(1)エ　(2)二酸化炭素がとけ，酸性になった雨が多量に降ることで土が酸性になる一方で，土の中に元からある石灰成分は流出するから。　(3)エ　(4)めしべであるトウモロコシのひげに十分な花粉がつかなかったから。

2024 算数解説 ▶ 宮崎第一中学校
令和6年度

1 (1) 与式＝2023×５＝**10115**

(2) 与式＝144－12×11＝144－132＝**12**

(3) 与式＝7.3＋5.3－6.4＋7.5＋8.6－9.7＝12.6－6.4＋7.5＋8.6－9.7＝6.2＋7.5＋8.6－9.7＝13.7＋8.6－9.7＝22.3－9.7＝**12.6**

(4) 与式＝$3\frac{8}{12}-(3\frac{9}{12}-2\frac{4}{12})=3\frac{8}{12}-1\frac{5}{12}=2\frac{3}{12}=\mathbf{2\frac{1}{4}}$

(5) 与式＝(2.34－1.23＋3.45－4.56)×2.5＝(1.11＋3.45－4.56)×2.5＝(4.56－4.56)×2.5＝**0**

(6) 与式＝$\frac{7}{4}\times(\frac{14}{21}+\frac{6}{21})-\frac{5}{12}\times\frac{4}{15}\times\frac{9}{8}=\frac{7}{4}\times\frac{20}{21}-\frac{1}{8}=\frac{5}{3}-\frac{1}{8}=\frac{40}{24}-\frac{3}{24}=\frac{37}{24}=\mathbf{1\frac{13}{24}}$

2 (1) $\frac{13}{15}$の分母を31にするために，分母と分子に$\frac{31}{15}$をかけると，分子は$13\times\frac{31}{15}$＝26.8…となる。
$\frac{26.8\cdots}{31}$より大きく$1=\frac{31}{31}$より小さい分数は，$\frac{27}{31}$，$\frac{28}{31}$，$\frac{29}{31}$，$\frac{30}{31}$の**4個**ある。

(2) **【解き方】10円玉を３枚合わせても50円玉１枚分にならず，50円玉１枚だけでは当然100円玉１枚分にならない。つまり，金額が小さい硬貨《こうか》で大きい金額をつくることはできないので，３種類の硬貨をそれぞれ何枚ずつ使うかという組み合わせの数を考えればよい。**

10円玉を使う枚数は０～３枚の４通り，50円玉を使う枚数は０～１枚の２通り 100円玉を使う枚数は０～２枚の３通りだから，枚数の組み合わせは全部で，４×２×３＝24(通り)できる。この中にはすべてが０枚の場合の０円がふくまれているので，できる金額は全部で，24－１＝**23**(通り)

(3) **【解き方】和差算を利用する。**

男子の人数を27人少なくすると，男子と女子の人数は同じになり，合計は791－27＝764(人)となる。よって，女子の人数は，764÷２＝**382**(人)

(4) **【解き方】Bの比を表す数とCの比を表す数(右図の点線で囲んだところ)をそろえることを考える。**

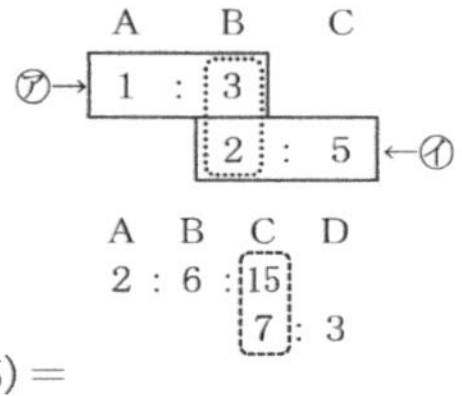

３と２の最小公倍数は６だから，㋐の比に２をかけて，(１×２)：(３×２)＝２：６，㋑の比に３をかけて，(２×３)：(５×３)＝６：15とする。したがって，A：B：C＝２：６：15とわかる。同じように考えて，A：B：C＝２：６：15，C：D＝７：３について，Cの比を15と７の最小公倍数の105にそろえると，
A：B：C＝(２×７)：(６×７)：(15×７)＝14：42：105　C：D＝(７×15)：(３×15)＝105：45となるから，A：B：C：D＝14：42：105：45　よって，A：D＝**14：45**である。

(5) 長方形の面積は，(４＋６)×(６＋８)＝140(㎠)　３つの白い直角三角形の面積は，４×６÷２＝12(㎠)，６×14÷２＝42(㎠)，８×10÷２＝40(㎠)だから，求める面積は，140－(12＋42＋40)＝**46**(㎠)

3 (1) **【解き方】AくんとCくんが36分で進んだ道のりの和はP地点からQ地点までの道のりの２倍に等しい。同じ時間だけ進むとき，速さの比と道のりの比は等しいから，AくんとCくんの進んだ道のりの比は$1:\frac{1}{3}$＝３：１である。**

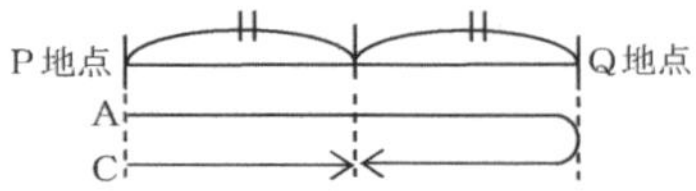

36分でAくんが進んだ道のりを３，Cくんが進んだ道のりを１とすると，
P地点からQ地点までの道のりは，(３＋１)÷２＝２となる。
同じ速さのとき，道のりの比とかかる時間の比は等しいから，AくんがQ地点に着くのは，P地点を出発してから，$36\times\frac{2}{3}$＝**24**(分後)

⑵　**【解き方】Aくんと Bくんが同じ時間に進む道のりの比は，速さの比に等しく $1:\frac{1}{2}=2:1$ だから，24 分後にAくんがQ地点に着いたとき，BくんはP地点とQ地点の中間地点にいる。ここから，AくんとBくんが出会うまで何分かかるかを考える。**

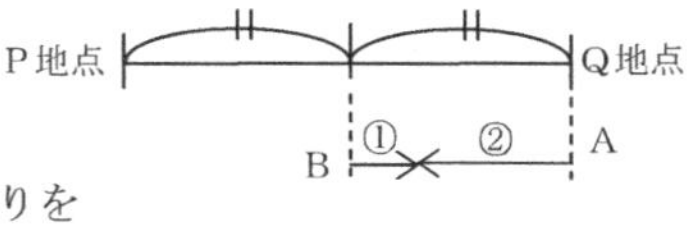

AくんとBくんが出会う地点まで，AくんがQ地点から進んだ道のりを②，Bくんが中間地点から進んだ道のりを①とする。Bくんが①＋②＝③の道のりを進むのにかかる時間は，P地点から中間地点までにかかった時間と同じく 24 分だから，①の道のりを進むのにかかる時間は，$24\times\frac{①}{③}=8$（分）である。よって，BくんがAくんと出会うのは，出発してから 24＋８＝32（分後）だから，P地点に戻ってくるのは，32×２＝**64**（分後）

⑶　**【解き方】⑵より，Bくんは中間地点からAくんと出会うまで８分かかり，Cくんが中間地点でAくんと出会うとき，BくんはAくんと出会った地点から 36－32＝４（分）戻ってきた地点にいる。**

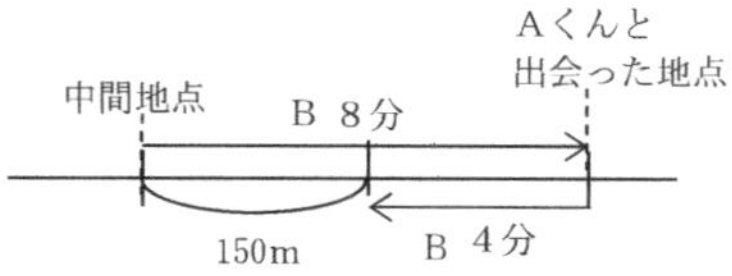

Bくんが８－４＝４（分）で進む道のりが 150mとわかる。BくんはP地点からQ地点までは 24×２＝48（分）かかるから，P地点からQ地点までの道のりは，150mの 48÷４＝12（倍）で，150×12＝**1800**（m）

4　⑴　円の中心が動く形は，１辺が５－１－１＝３（㎝）の正方形になるから，求める長さは，３×４＝**12**（㎝）

⑵　**【解き方】円が通過した部分は１辺が５㎝の正方形から右図のアとイをのぞいた部分である。**

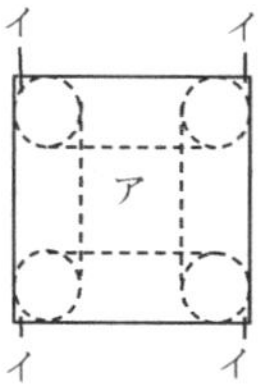

アは１辺が５－１×２×２＝１（㎝）の正方形だから，面積は，１×１＝１（㎠）
イ４つ分の面積は，１辺が１×２＝２（㎝）の正方形から半径が１㎝の円をのぞいた面積だから，
２×２－１×１×3.14＝0.86（㎠）　　よって，求める面積は，５×５－（１＋0.86）＝**23.14**（㎠）

⑶　**【解き方】円が通過した部分は１辺が５㎝の正方形３つ分から，右図のイとウとエをのぞいた部分である。太点線部分は半径が１×２＝２（㎝）のおうぎ形の曲線部分になる。**

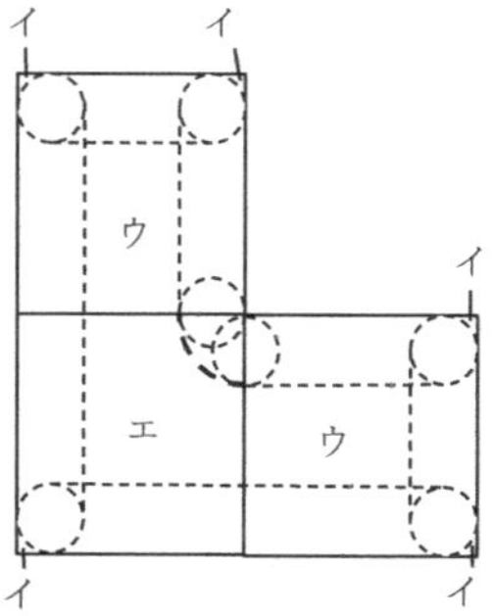

⑴より，イ１つ分の面積は，0.86÷４＝0.215（㎠）だから，イ５つ分の面積は，
0.215×５＝1.075（㎠）　　長方形ウの長い方の辺は５－１×２＝３（㎝），短い方の辺は
５－１×２×２＝１（㎝）だから，長方形ウ２つ分の面積は，３×１×２＝６（㎠）
エは，１辺が５－１×２＝３（㎝）の正方形から，半径が２㎝で中心角が 90°の
おうぎ形をのぞいた形だから，面積は，３×３－２×２×3.14÷４＝5.86（㎠）
よって，求める面積は，５×５×３－（1.075＋６＋5.86）＝**62.065**（㎠）

5　印と印の間の長さを１とすると，３つの辺の長さの合計は 12 で，いちばん長い辺の長さを６とすると，他の２つの辺の長さの合計は 12－６＝６になり三角形はできないから，いちばん長い辺の長さは５以下である。いちばん長い辺の長さを５とすると，他の２つの辺の長さの合計は 12－５＝７だから，辺の長さが５以下になる組み合わせは，（２と５），（３と４）の２通りである。いちばん長い辺の長さを４とすると，他の２つの辺の長さの合計は 12－４＝８だから，辺の長さが４以下になる組み合わせは，（４，４）の１通りである。いちばん長い辺の長さを３とすると，他の２つの辺の長さの合計は 12－３＝９になり，辺の長さが３以下になる組み合わせはないから，いちばん長い辺が３以下になることはない。よって，作られる三角形は，辺の長さが（４と４と４），（２と５と５），（３と４と５）の**３**種類である。

2023 解答例 令和５年度 宮崎第一中学校

《国　語》

一　問一．a．混同　b．結局　問二．B　問三．ア　問四．(1)多様化　(2)ア　問五．エ　問六．①○　②×　③×　④×　問七．自分の本当にやりたいことを、悩みながらもあきらめずに探し続ける(という)

二　問一．A．ア　B．イ　問二．X．オ　Y．ウ　問三．自分だけ花を買いに行かずに家に帰ること。
問四．苦しい時に自分を守ってくれる役割。(下線部は不安な／困ったでもよい)　問五．クラスで不要とされた
問六．エ

三　問一．①実態　②破損　③定規　④伝授　⑤肥　⑥招　⑦輸送　⑧往路　問二．①暴　②独　③一　④自　問三．［漢字／意味］　①［毒／イ］　②［牛／ウ］　③［判／エ］　④［石／ア］　問四．非…④，⑥　不…②，⑦　無…①，③　未…⑤，⑧

《算　数》

1　(1)11106　(2)101　(3)90　(4)$\frac{1}{3}$　(5)12.3　(6)4

2　(1)11　(2)6　(3)8400　(4)19　(5)月

3　(1)25　(2)9，6　(3)231　(4)4641

4　(1)361　(2)64　(3)8　(4)144

※5　③，⑦

※の説明は解説を参照してください。

《社　会》

1　(1)エ　(2)イ　(3)ウ　(4)平城京　(5)源氏物語　(6)①承久の乱　②北条政子　③生前，(源)頼朝から受けた御恩に報いる時は今である。その思いに立って戦ってほしい。　(7)二度にわたる元寇に対し，御家人は奉公したにも関わらず，思うような恩賞を得られなかったから。　(8)ウ　(9)ア．スペイン　イ．ポルトガル
(10)イ，ウ，ク　(11)エ→ア→イ　(12)エ

2　(1)ア．③　イ．④　ウ．①　エ．②　(2)Ⓨ　(3)A．ウ　B．イ　C．ア　D．エ　(4)ウ，オ，カ　(5)カ
(6)①A．老人ホーム　B．消防署　C．電波塔　D．発電所〔別解〕変電所　②白川は北から南に流れており，流れる方向が川に矢印で示されている。

3　(1)ア．ポツダム　イ．国民主権　ウ．基本的人権　エ．象徴　オ．国事行為　(2)納税の義務〔別解〕税金を納める義務　(3)自衛隊　(4)沖縄県　(5)銃の先端が曲がっている／世界から武器をなくそう(下線部は戦争でもよい)

《理　科》

1　(1)ア，イ，エ　(2)大きくなる　(3)鉄球…同じ　木片…同じ　(4)(a)小さくなる　(b)同じ

2　(1)光(の速さ)　(2)(a)340　(b)0.6　(c)68

3　(1)(a)【ア】デンプン　【イ】だ液　(b)【あ】しなかった　【い】した　(2)(a)A．食道　B．かん臓　C．胃　D．大腸　E．小腸　(b)エ　(c)消化管　(d)①じゅう毛　②食べ物にふくまれる栄養分を吸収することのできる表面積が大きくなること。　(3)(a)【あ】した　【い】しなかった　(b)光合成　(4)(a)食物連鎖　(b)サバA…4.3
サバB…4.0　マグロ…18.0

1 ⑴ 与式＝10－１＋100－１＋1000－１＋10000－１＝11110－４＝**11106**

⑵ 与式＝123＋20－42＝143－42＝**101**

⑶ 与式$=40+\frac{7}{4}\times40-0.5\times40=40+70-20=$**90**

⑷ 与式$=\frac{1}{2}-\frac{1}{3}+\frac{1}{3}-\frac{1}{4}+\frac{1}{4}-\frac{1}{5}+\frac{1}{5}-\frac{1}{6}=\frac{1}{2}-\frac{1}{6}=\frac{3}{6}-\frac{1}{6}=$**$\frac{1}{3}$**

⑸ 与式＝1.23×(30＋10×４－100×0.6)＝1.23×(30＋40－60)＝1.23×10＝**12.3**

⑹ 与式$=\frac{15}{11}\times\frac{22}{5}-(4.5-2.5)=6-2=$**4**

2 ⑴ **【解き方】右のような表にまとめ㋐の人数を求める。**

㋑＝30－16＝14(人)，㋒＝㋑－４＝14－４＝10(人)だから，

㋐＝21－㋒＝21－10＝**11**(人)

		国語		合計
		好き	好きでない	
算数	好き	㋐	㋒	21人
	好きでない		４人	
合計		16人	㋑	30

⑵ **【解き方】３けたの偶数になるとき，一の位の数は２となる。**

よって，百と十の位の数の組み合わせを考える。

一の位で１枚２のカードを使っているから，百の位の数は１，２，３のカードから１枚選ぶので３通りとなる。

また，十の位では百の位の３通りそれぞれに対して，残った２枚から１枚選ぶので２通りとなる。

よって，３×２＝**6**(通り)

⑶ **【解き方】２割引きは定価の１－0.2＝0.8(倍)の金額である。**

定価は，6720÷0.8＝**8400**(円)となる。

⑷ **【解き方】和差算を利用する。**

男子と女子を合わせて34人であり，女子は男子より４人多いので，女子の人数を２倍すると34＋４＝38(人)となる。

よって，女子の人数は38÷２＝**19**(人)

⑸ **【解き方】５，７，８，10月は31日まで，４，６，９月は30日までである。よって，10月31日は４月21日から，(30－21)＋30×２＋31×４＝９＋60＋124＝193(日後)となる。**

１週間は７日間なので，193÷７＝27余り４より，193日後は27週４日後である。よって，木曜日の４日後なので**月**曜日となる。

3 ⑴ **【解き方】各段には段数と同じ個数の連続する整数が並ぶから，ｎ段目の最も大きい数は１からｎまでの連続する整数の和と等しい。例えば，３段目の最も大きい数は１＋２＋３＝６，４段目の最も大きい数は１＋２＋３＋４＝10である。**

６段目の最も大きい数は15＋６＝21，７段目の最も大きい数は21＋７＝28だから，７段目には22から28までの７個の数が並ぶ。中央の数は小さい方から４番目の数だから，21＋４＝**25**である。

⑵ **【解き方】⑴より，８段目で最も大きい数は28＋８＝36，９段目で最も大きい数は36＋９＝45だから，40は９段目に並ぶ。**

奇数段目では左から右に向かって数がへる。45－40＝５より，40は45より５個右にあるから，40は**9**段目の左から**6**番目である。

⑶ **【解き方】１からｎまでの連続する整数の和は，$\frac{(1+n)\times n}{2}$で求められることを利用する。**

奇数段目の左端の数はその段の最も大きい数である。

よって，21段目の左端の数は，$1+2+\cdots+21=\frac{(1+21)\times21}{2}=$**231**となる。

(4) **【解き方】21 段目には 21 個の数があるので，21 段目の右端の数は，231－21＋１＝211 である。**

211 から 231 までの連続する 21 個の整数の列を２つ使って右のような筆算が書けるから，

211 から 231 までの連続する整数の和は，442×21÷２＝**4641**

　　211＋212＋……＋231
＋)　231＋230＋……＋211
　　442＋442＋……＋442

4 (1) **【解き方】１番目の正方形の１辺の長さは 10 cmで，２番目以降は１番ごとに１辺の長さが 10－１＝９(cm)増えていく。**

２番目の正方形は１辺が 10＋９＝19(cm)の正方形だから，面積は，19×19＝**361**(cm²)

(2) (1)より，７番目の正方形の１辺の長さは，10＋９×(７－１)＝**64**(cm)となる。

(3) **【解き方】正方形をつくるのに必要な枚数は，１番目で１枚，２番目で４＝２×２(枚)，３番目で９＝３×３(枚)，…となっているので，ｎ番目ではｎ×ｎ(枚)必要になる。**

８×８＝64，９×９＝81 だから，80 枚の紙でつくることができる最大の正方形は**８**番目の正方形となる。

(4) **【解き方】面積が 10000 cm²の正方形は，10000＝100×100 より，１辺の長さが 100 cmである。(1)の考え方をもとに正方形の１辺の長さを考える。**

正方形の１辺の長さが 100 cmより長くなるのは，(100－10)÷９＝10 より，１＋10＝11(番目)の正方形よりもあとの正方形である(11 番の正方形の１辺の長さがちょうど 100 cm)。12 番目の正方形は１辺に 12 枚の紙が並ぶので，全部の紙の枚数は，12×12＝**144**(枚)である。

5 **【解き方】天びんがかたむいたとき，重い方の皿には１枚もしくは２枚の重いコインが乗っていて，軽い方の皿には重いコインは乗っていないことに気をつける。**

図１より，①，②，③のうち１枚，もしくは２枚が重いコインで，④，⑤，⑥の中に重いコインはない。

図２より，④，⑦のうち１枚，もしくは２枚が重いコインだが，図１より④は重いコインではないので，⑦が重いコインである。また，①，⑧は重いコインではない。

図３より，右に重いコインである⑦が乗っているので，左の皿にも１枚重いコインが乗っている。したがって，③が重いコインである。

宮崎第一中学校

《国　語》

一　問一．A．判定　B．独特　C．過度　問二．a．ウ　b．ア　c．ア　d．エ
問三．香りを注意～な気がする　問四．ヒトには、環境の変化にそって、生活を快適にしようとする能力がそなわっているから。（下線部は生物でもよい）　問五．(1)×　(2)○　(3)○　(4)×　問六．かいだ最初が一番強く感じられる／かいだ瞬間が本当のニオイだ／かいだ瞬間が決め手だ　などから１つ

二　問一．A．イ　B．エ　問二．X．ウ　Y．ア　問三．日本の学校　問四．マイちゃんのことをもっと知りたいと思ったから。（下線部は聞きたいでもよい）〔別解〕マイちゃんのことをもっと聞かせてほしいと思ったから。
問五．イ　問六．マイちゃんはあまりしゃべらない、おとなしい子だと思っていたから。（下線部は暗いでもよい）

三　問一．①延期　②非難　③豊富　④政策　⑤絶好　⑥手帳　問二．①とうと〔別解〕たっと　②けわ
③ただ　④えたい　⑤とうかく　問三．①国(語)→理(科)→社(会)→算(数)　②B(男)→C(男)→A(男)→D(男)
問四．①ウ→イ→ア　②イ→ア→ウ　③イ→ア→ウ

《算　数》

1　(1)85　(2)220　(3)4.46　(4)$2\frac{5}{6}$　(5)$\frac{3}{4}$

2　(1)8，0.1　(2)52　(3)4　(4)8　(5)1，15　(6)$\frac{9}{11}$

3　(1)300　(2)660　(3)1560

4　(1)(ア)　(2)18　(3)30　(4)2　(5)13

5

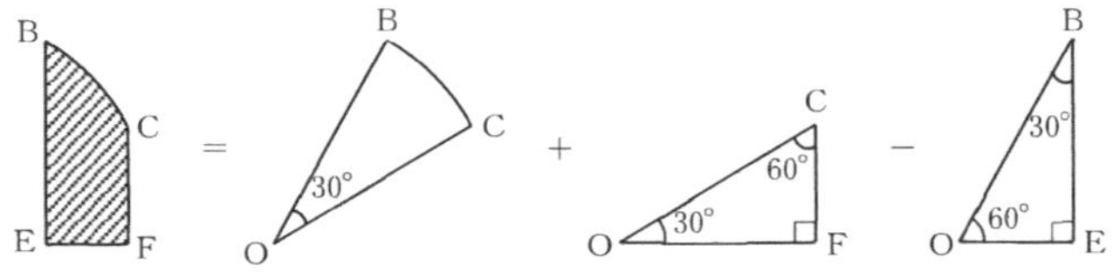

であり，△ＯＣＦと△ＢＯＥは合同な図形なので，題意を満たす。

《社　会》

1　問１．死者を葬る一連の儀式などを表したものとして埋葬された。　問２．④　問３．渡来人　問４．①
問５．②　問６．(1)【１】明智光秀　【２】太閤検地　(2)X．③，④　Y．②，⑥　問７．(1)国学
(2)杉田玄白　問８．③　問９．小村寿太郎　問10．関税自主権

2　問１．③　問２．(1)【１】ロシア　【２】鹿児島　【３】長崎　(2)④　(3)降水量が多く，標高の高い山もあることから，水量や落差を活かした水力発電が盛んにおこなわれている。　(4)B　問３．(1)④　(2)③　(3)記号…㋖
説明…輸送用機械の割合が高いことから，自動車の生産が有名な愛知県だと判断できる。
問４．(1)㋐美術館，博物館　㋑図書館　(2)④　(3)③

3　問１．「核兵器をもたない，つくらない，もちこませない」とする非核三原則を発表した。
問２．(例文)戦争体験者に体験したことを語ってもらう講演会を開き，その内容を本にして，少しでも多くの人に戦争のひさんさと生命の尊さを伝えていく。

《理　科》

1　⑴ミョウバン　⑵水の量を増やす／水の温度を上げる　⑶56g　⑷50g

2　⑴右図　⑵右図　⑶①ウ，エ，オ　②カ　③ウ

3　⑴ウ　⑵a．東　b．西　⑶一直線にならんだ　⑷①同じ面を地球に向けている。／同じ模様が見えている。／うさぎのような模様が見える。などから１つ
②a．イ　b．ウ　⑸イ，オ，ク

2⑴の図

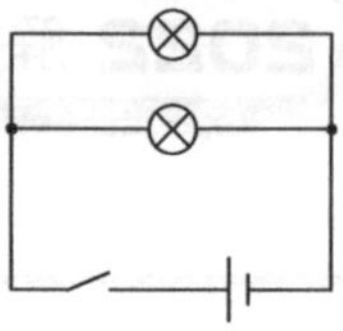

2⑵の図

←解答例は前のページにありますので，そちらをご覧ください。

1 (1) 与式＝130－45＝85

(2) 与式＝250－(50－20)＝250－30＝220

(3) 与式＝5.3－0.84＝4.46

(4) 与式$=\frac{9}{4}-\frac{5}{6}+\frac{17}{12}=\frac{27}{12}-\frac{10}{12}+\frac{17}{12}=\frac{34}{12}=\frac{17}{6}=2\frac{5}{6}$

(5) 与式$=\frac{7}{12}\div\frac{7}{4}+\frac{5}{2}\times\frac{1}{6}=\frac{7}{12}\times\frac{4}{7}+\frac{5}{12}=\frac{4}{12}+\frac{5}{12}=\frac{9}{12}=\frac{3}{4}$

2 (1) 2.5÷0.3＝8余り0.1より，0.3L入りの容器は8本できて，0.1L残る。

(2) 女子の人数の2倍は107－3＝104(人)だから，女子の人数は，104÷2＝52(人)

(3) 1÷7＝0.1428571…より，$\frac{1}{7}$を小数で表すと，小数第1位から「142857」の6つの数が繰りかえし並ぶ。50÷6＝8余り2より，小数第50位までに「142857」が8回繰りかえされその後1，4と並ぶから，小数第50位の数は4である。

(4) 1回折るたびに厚さは2倍される。7回折ると0.1×2×2×2×2×2×2×2＝12.8(㎜)，8回折ると12.8×2＝25.6(㎜)となるので，厚さが2㎝＝20㎜をはじめてこえるのは，8回折ったときである。

(5) 学校と空港の実際の距離《きょり》は，地図上の距離の25000倍なので，20×25000＝500000(㎝)，つまり，$\frac{500000}{100\times1000}=$5(㎞)である。よって，求める時間は$\frac{5}{4}=1\frac{1}{4}$(時間)，つまり，1時間($\frac{1}{4}\times60$)分＝1時間15分

(6) 分母が11で，$0.8=\frac{8}{10}=\frac{8.8}{11}$より大きく，$0.9=\frac{9}{10}=\frac{9.9}{11}$より小さい分数は，$\frac{9}{11}$である。

3 (1) お母さんは毎分60mで5分歩いたところで忘れ物に気づいたから，求める距離は，60×5＝300(m)

(2) **【解き方】2人が家を出てからお母さんがふたたび家を出るまでの時間から，ひかるさんが家から何mのところにいるのかを求める。**

お母さんが家に戻るのにかかる時間は，300÷100＝3(分)だから，2人が家を出てからお母さんがふたたび家を出るまでにかかる時間は，5＋3＋3＝11(分)である。この間，ひかるさんは家から60×11＝660(m)進むから，求める距離は660mである。

(3) **【解き方】お母さんがひかるさんに追いついたとき，お母さんは家から何mのところにいるのかを考える。**

お母さんがひかるさんを追いかけ始めるとき，2人の間の距離は660mであり，ここから，2人の間の距離は1分ごとに120－60＝60(m)短くなる。よって，お母さんがひかるさんに追いつくのは，お母さんがふたたび家を出てから660÷60＝11(分後)だから，家から120×11＝1320(m)のところにいる。これが駅の手前240mのところだから，家から駅までは1320＋240＝1560(m)ある。

4 (1) 下図のように，三角形→台形→五角形→長方形，の順で変化していく。

(2) **【解き方】重なった部分は右図のように直角を挟《はさ》む2つの辺が6㎝の直角二等辺三角形である。**

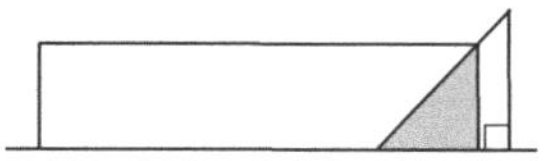

求める面積は，6×6÷2＝18(㎠)

(3) **【解き方】(2)をふまえ，Ⓑを右図のようにわけて考える。**

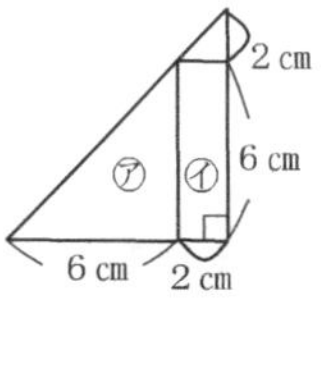

重なった部分の面積が最大となるのは，㋐と㋑がすべて重なるときだから，求める面積は，

６×６÷２＋２×６＝18＋12＝30(㎠)

⑷　**【解き方】重なった部分の面積が最大となるのは，Ⓑが右図の矢印だけ移動している間である。**

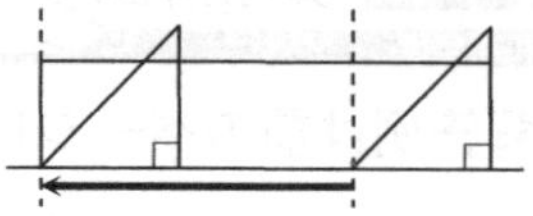

矢印の長さは26－８＝18(㎝)であり，これを９秒間で進むのだから，Ⓑの速さは，毎秒(18÷９)㎝＝毎秒２㎝

⑸　**【解き方】⑵をふまえる。重なった部分が初めて18㎠となるのは，㋐の部分だけがすべて重なるときである。そこから，重なった部分が12㎠になるのは，㋑の部分だけがすべて重なったときである(右図参照)。**

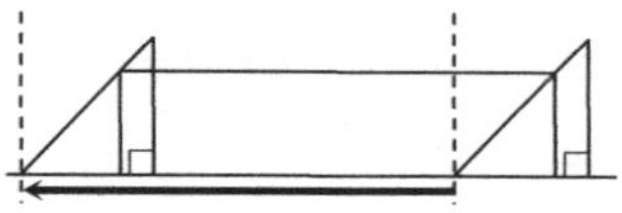

このとき，右図の矢印の長さは(26－６)＋６＝26(㎝)だから，求める時間は，26÷２＝13(秒後)

5　三角形ＯＣＦと三角形ＢＯＥはともに３つの内角が30°，60°，90°の直角三角形で，ＯＣ＝ＢＯ(おうぎ形の半径)だから，合同だとわかる。

(斜線部分の面積)＝(おうぎ形ＯＢＣの面積)＋(三角形ＯＣＦの面積)－(三角形ＢＯＥの面積)であり，

三角形ＯＣＦと三角形ＢＯＥの面積は等しいから，(斜線部分の面積)＝(おうぎ形ＯＢＣの面積)となる。

宮崎第一中学校

《国　語》

一 問一．a．手加減　b．油断　c．簡単　問二．イ　問三．イ　問四．３　問五．人間が遠い未来に、頭脳が発達して頭でっかちになったり、運動をしないので、手足が細くなったりする　問六．野生で生きるシマウマは、寿命が尽きる前に他の動物に食べられてしまうから。　問７．ア．×　イ．×　ウ．○　エ．×　オ．○

二 問一．A．ウ　B．ア　問二．やんちゃで　問三．「俺」はコウスケよりも自分の方が器用であることを自覚し、両親にもそのように言われていたから。〔別解〕親父が包丁を渡したのが、コウスケではなく「俺」だったから。　問四．イ　問五．何度も練習したのに、また失敗したことがくやしかったから。　問六．エ

三 問一．①快方　②開放　③解放　④気管　⑤器官　⑥機関　⑦公園　⑧公演　⑨講演
問二．①たがや　②ひき　③はいご　④はぶ　⑤びんじょう　問三．①カ　②エ　③オ　④ア

《算　数》

1 (1)164　(2)9000　(3)0.5　(4)121　(5)$4\frac{1}{2}$　(6)4　(7)4.9　(8)53　(9)$\frac{1}{3}$　(10)$1\frac{2}{3}$

2 (1)49550　(2)0　(3)30　(4)24　(5)48　(6)$\frac{2}{5}$　(7)275

3 (1)240　(2)0.4　(3)学校当局により問題削除

4 (1)5000　(2)41450　(3)437

5 (1)2　※(2)(ア)

※の理由は解説を参照してください。

《社　会》

1 問１．ア．天皇　イ．十七条の憲法　ウ．小野妹子〔別解〕遣隋使　問２．①　問３．A．①　B．④

2 問１．鎌倉は，山と海に囲まれ，敵が攻めにくい場所だったから。　問２．④→③→①→②　問３．大名の経済力を削減し，江戸幕府に反乱を起こさせないようにするため。　問４．②，④　問５．②　問６．安い外国製品におされて，日本製のものが売れなくなり，産業がおとろえた。

3 問１．記号…㋐　都市名…札幌市　問２．⑤　問３．(1)Ⓐ病院　Ⓑ発電所　(2)②　(3)③　(4)③
問４．(1)テンサイ　(2)③　問５．(1)知床半島　(2)②　問６．(1)石狩川　(2)③　問７．南半球に位置するオーストラリアやニュージーランドは，日本と季節が逆であり，スキーができないから。

4 問１．ア，イ，ウ　問２．市町村長や市町村議員に要望する。／自分たちの想いをかなえてくれる市町村長や議員に投票する。／自分たちでビラやポスターを作成して，街頭に立って呼びかけをする。／ＳＮＳを活用して，多くの人に駐輪場の問題を伝え，市民の意識を高める。／日曜日の午前中に，なかまとともに，自転車の整理をボランティアで行う。　などから１つ　問３．基本的人権の尊重

《理　科》

1　⑴1.42　⑵①X．200　Y．400　②イ　③イ

2　⑴二酸化炭素　⑵①右グラフ　②比例　③0.5ｇ

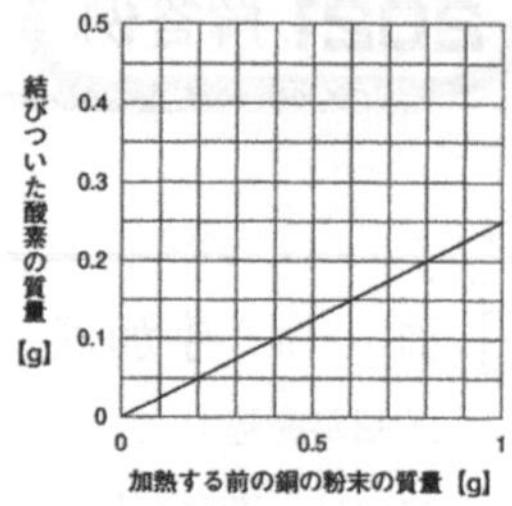

3　⑴ア．受精卵　イ．精子　ウ．卵　エ．４　オ．２　⑵４本　⑶下図

⑷[記号／書きかえ]　[コ／２組のゲノム]，[セ／異なる情報のＤＮＡ]，

[タ／情報を変えずに成長]（下線部はたもったままでもよい）

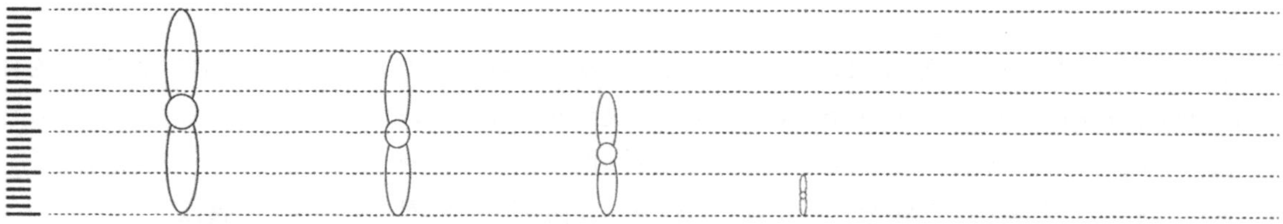

宮崎第一中学校

←解答例は前のページにありますので，そちらをご覧ください。

1 (3)　与式＝８－2.5－2.5×２＝5.5－５＝0.5

(4)　１から 21 まで数が等間隔《とうかんかく》で並んでいるから，右のような筆算を利用して計算できる。

```
   1＋3＋5＋……＋21
＋)21＋19＋17＋……＋1
   22＋22＋22＋……＋22
```

１から 21 まで数が全部で 11 個あるから，答えの２倍は，22×11 となる。

よって，与式＝$\dfrac{22\times11}{2}$＝121

(5)　与式＝$4\dfrac{5}{12}-\dfrac{3}{12}+\dfrac{1}{4}\times\dfrac{4}{3}=4\dfrac{1}{6}+\dfrac{1}{3}=4\dfrac{1}{6}+\dfrac{2}{6}=4\dfrac{1}{2}$

(6)　与式＝3.6÷0.9＝４

(7)　与式＝(2.8＋1.4－0.8＋3.6)×0.7＝７×0.7＝4.9

(8)　与式＝14＋６×(12－１)－９×３＝14＋６×11－27＝14＋66－27＝53

(9)　与式＝$(\dfrac{1}{2}-\dfrac{1}{3})+(\dfrac{1}{3}-\dfrac{1}{4})+(\dfrac{1}{4}-\dfrac{1}{5})+(\dfrac{1}{5}-\dfrac{1}{6})=\dfrac{1}{2}-\dfrac{1}{6}=\dfrac{3}{6}-\dfrac{1}{6}=\dfrac{1}{3}$

(10)　与式＝$1+\dfrac{1}{1+\dfrac{1}{1+1}}=1+\dfrac{1}{1+\dfrac{1}{2}}=1+\dfrac{1}{\dfrac{3}{2}}=1+1\div\dfrac{3}{2}=1+\dfrac{2}{3}=1\dfrac{2}{3}$

2 (1)　**【解き方】万の位が４の場合と５の場合で分けて考える。**

万の位が４の場合，50000 に一番近い数は 49550 であり，50000 との差は，50000－49550＝450

万の位が５の場合，50000 に一番近い数は 50459 であり，50000 との差は，50459－50000＝459

よって，求める数は 49550 である。

(2)　**【解き方】かけて 10 になる組み合わせを探す。**

与式＝(１×10)×(２×５)×３×４×６×７×８×９＝100×３×４×６×７×８×９だから，計算結果は 100 の倍数なので，十の位は０になる。

(3)　**【解き方】60 個から，３の倍数または４の倍数である数の個数を引く。３と４の公倍数に気をつける。**

３の倍数は 60÷３＝20(個)，４の倍数は 60÷４＝15(個)ある。ここで３の倍数または４の倍数を 20＋15＝35(個)と計算すると，３と４の公倍数を二重に数えることになるので，35 個から３と４の公倍数の個数を引く。

３と４の最小公倍数が 12 だから，公倍数は 12 の倍数なので，60÷12＝５(個)ある。よって，３の倍数または４の倍数の個数は，35－５＝30(個)だから，３の倍数でも４の倍数でもない数は，60－30＝30(個)ある。

(4)　**【解き方】同じ種類の厚紙なので，重さは面積に比例すると考える。**

１m^2＝１m×１m＝100 cm×100 cm＝10000 cm^2だから，0.06 m^2＝(0.06×10000)cm^2＝600 cm^2である。

よって，Ｂの面積はＡの面積の$\dfrac{600}{150}$＝４(倍)だから，重さも４倍で，６×４＝24(g)

(5)　**【解き方】平均の速さは，(往復の道のり)÷(往復でかかった時間)で求める。**

{(行きの速さ)＋(帰りの速さ)}÷２と計算するのはよくあるまちがいなので注意しよう。

往復の道のりは 120×２＝240(km)である。往復でかかった時間は，$\dfrac{120}{60}+\dfrac{120}{40}$＝５(時間)である。

よって，平均の速さは，時速$\dfrac{240}{5}$km＝時速 48 km

(6)　**【解き方】教室全体の広さを①とおいてもよいが，計算を簡単にするために，３と４と５(問題に登場する分数の分母)の最小公倍数の$\textcircled{60}$とする。**

１人目が清掃した残りは，$\textcircled{60}$×(１－$\dfrac{1}{3}$)＝㊵である。２人目が清掃した残りは，㊵×(１－$\dfrac{1}{4}$)＝㉚である。

３人目が清掃した残りは，㉚×$\left(1-\frac{1}{5}\right)$＝㉔である。４人目が清掃する㉔は教室全体の，$\frac{\textcircled{24}}{\textcircled{60}}=\frac{2}{5}$にあたる。

⑺　**【解き方】右図のように記号をおく。長方形ＡＢＣＤの面積から，３つの直角三角形の面積を引けばよい。**

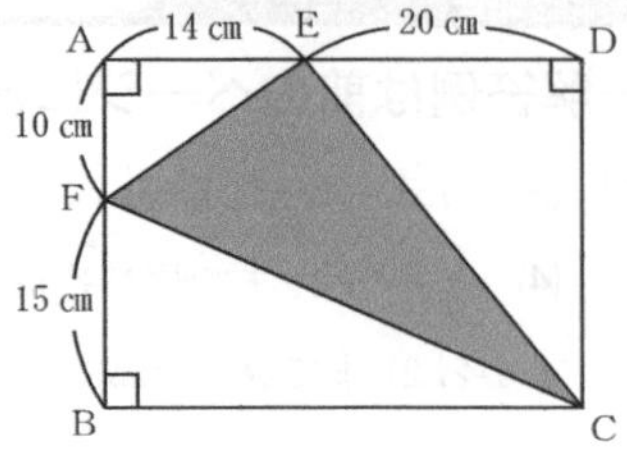

長方形ＡＢＣＤの面積は，(10＋15)×(14＋20)＝850(cm²)

三角形ＡＦＥの面積は，10×14÷２＝70(cm²)

三角形ＢＦＣの面積は，15×(14＋20)÷２＝255(cm²)

三角形ＤＥＣの面積は，20×(10＋15)÷２＝250(cm²)

よって，求める面積は，850－70－255－250＝275(cm²)

3　⑴　底面積が５×４＝20(cm²)だから，体積は，20×12＝240(cm³)

⑵　**【解き方】ブロックが完全に水の中にしずんだ場合で考えればよいであろう。その場合，ブロックの体積と同じ量の水が入ったと考えればよい。**

ブロックの体積が２×２×２＝８(cm³)で容器の底面積が 20 cm²だから，ブロックを１個入れるごとに，８÷20＝0.4(cm)水の高さが上がる。

4　⑴　１日目の利益は１個あたり 400×$\frac{25}{100}$＝100(円)なので，全部で，50×100＝5000(円)

⑵　１日目の定価は 400＋100＝500(円)だから，１日目に売れた商品の総額は，500×50＝25000(円)

２日目は，定価が 500－30＝470(円)で 50－15＝35(個)売れたから，２日目に売れた商品の総額は，470×35＝16450(円)　　よって，求める金額は，25000＋16450＝41450(円)

⑶　２日目に得た利益は，(470－400)×35＝2450(円)だから，２日間で得た利益の合計は，5000＋2450＝7450(円)

したがって，３日目に 8000－7450＝550(円)の利益が得られればよい。残り 15 個を売ったときの利益が１個あたり 550÷15＝$\frac{110}{3}$＝36$\frac{2}{3}$(円)以上になればよいから，定価を 400＋36$\frac{2}{3}$＝436$\frac{2}{3}$(円)以上にすればよい。定価は整数だから，437 円以上にすればよい。

5　**【解き方】ある円が別の円に接しながら，その周りを回転する問題(または，ある円が別の円に接しながら，その内部を回転する問題)では，移動している円の中心が動いた長さに注目する。右図のように平らな面を転がっているときを考えるとわかりやすいが，円の中心が円周と同じ長さだけ動いたとき，円は１回転したことになる。**

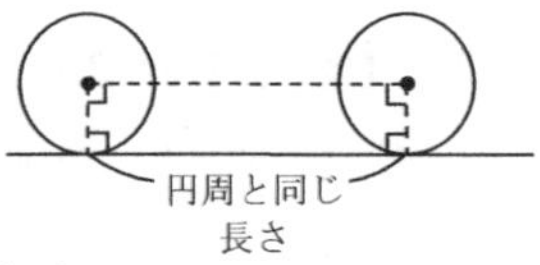

⑴　半径１cmの円の円周は１×２×3.14＝２×3.14(cm)だから，円の中心が２×3.14(cm)動くごとに外側の円は１回転する。外側の円がもとの位置にもどるまでに，外側の円の中心は右図のように２×２×3.14＝４×3.14(cm)動く。よって，外側の円は，$\frac{4\times3.14}{2\times3.14}$＝２(回転)する。

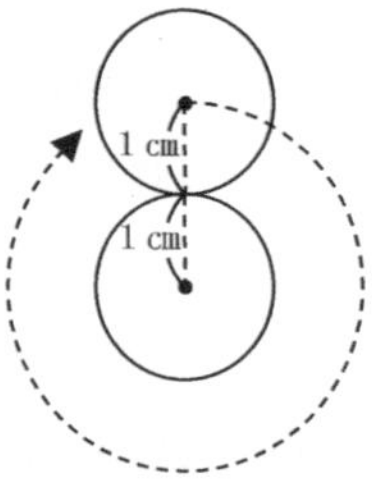

なお，内側の円の円周が外側の円の円周の$\frac{2\times3.14}{2\times3.14}$＝１(倍)だから外側の円は１回転する，という答えは，よくあるまちがいである。確かに内側の円の中心から見れば外側の円は１回転しているが，右図のようにはなれて見ると，２回転して見える。

⑵　ここまでの解説をふまえる。外側の円は円の中心が４×２×3.14＝８×3.14(cm)動くごとに１回転する。外側の円の中心は全部で，(５＋４)×２×3.14＝18×3.14(cm)動くから，外側の円は$\frac{18\times3.14}{8\times3.14}=2\frac{1}{4}$(回転)する。よって，最初の状態から時計回りに$\frac{1}{4}$回転した状態を表す，(ア)が正しい。

■ ご使用にあたってのお願い・ご注意

（1）問題文等の非掲載

著作権上の都合により，問題文や図表などの一部を掲載できない場合があります。

誠に申し訳ございませんが，ご了承くださいますようお願いいたします。

（2）過去問における時事性

過去問題集は，学習指導要領の改訂や社会状況の変化，新たな発見などにより，現在とは異なる表記や解説になっている場合があります。過去問の特性上，出題当時のままで出版していますので，あらかじめご了承ください。

（3）配点

学校等から配点が公表されている場合は，記載しています。公表されていない場合は，記載していません。

独自の予想配点は，出題者の意図と異なる場合があり，お客様が学習するうえで誤った判断をしてしまう恐れがあるため記載していません。

（4）無断複製等の禁止

購入された個人のお客様が，ご家庭でご自身またはご家族の学習のためにコピーをすることは可能ですが，それ以外の目的でコピー，スキャン，転載（ブログ，ＳＮＳなどでの公開を含みます）などをすることは法律により禁止されています。学校や学習塾などで，児童生徒のためにコピーをして使用することも法律により禁止されています。

ご不明な点や，違法な疑いのある行為を確認された場合は，弊社までご連絡ください。

（5）けがに注意

この問題集は針を外して使用します。針を外すときは，けがをしないように注意してください。また，表紙カバーや問題用紙の端で手指を傷つけないように十分注意してください。

（6）正誤

制作には万全を期しておりますが，万が一誤りなどがございましたら，弊社までご連絡ください。

なお，誤りが判明した場合は，弊社ウェブサイトの「ご購入者様のページ」に掲載しておりますので，そちらもご確認ください。

■ お問い合わせ

解答例，解説，印刷，製本など，問題集発行におけるすべての責任は弊社にあります。

ご不明な点がございましたら，弊社ウェブサイトの「お問い合わせ」フォームよりご連絡ください。迅速に対応いたしますが，営業日の都合で回答に数日を要する場合があります。

ご入力いただいたメールアドレス宛に自動返信メールをお送りしています。自動返信メールが届かない場合は，「よくある質問」の「メールの問い合わせに対し返信がありません。」の項目をご確認ください。

また弊社営業日（平日）は，午前９時から午後５時まで，電話でのお問い合わせも受け付けています。

2025春

株式会社教英出版

〒422-8054　静岡県静岡市駿河区南安倍３丁目12-28

TEL　054-288-2131　　FAX　054-288-2133

URL　https://kyoei-syuppan.net/

MAIL　siteform@kyoei-syuppan.net

教英出版

教英出版の中学受験対策

中学受験面接の基本がここに！
知っておくべき面接試問の要領

面接試験に，落ち着いて自信をもってのぞむためには，あらかじめ十分な準備をしておく必要があります。面接の心得や，受験生と保護者それぞれへの試問例など，面接対策に必要な知識を１冊にまとめました。

- 面接の形式や評価のポイント，マナー，当日までの準備など，面接の基本をていねいに指南「面接はこわくない！」
- 書き込み式なので，質問例に対する自分の答えを整理して本番直前まで使える
- ウェブサイトで質問音声による面接のシミュレーションができる

定価：770円（本体700円+税）

入試テクニックシリーズ

必修編

基本をおさえて実力アップ！
1冊で入試の全範囲を学べる！
基礎力養成に最適！

こんな受験生には必修編がおすすめ！

- 入試レベルの問題を解きたい
- 学校の勉強とのちがいを知りたい
- 入試問題を解く基礎力を固めたい

定価：1,100円（本体1,000+税）

発展編

応用力強化で合格をつかむ！
有名私立中の問題で
最適な解き方を学べる！

こんな受験生には発展編がおすすめ！

- もっと難しい問題を解きたい
- 難関中学校をめざしている
- 子どもに難問の解法を教えたい

定価：1,760円（本体1,600+税）

絶賛販売中！

詳しくは教英出版で検索

教英出版　検索

URL https://kyoei-syuppan.net/

神奈川県

①[県立]相模原中等教育学校

　　　　平塚中等教育学校

②[市立]南高等学校附属中学校

③[市立]横浜サイエンスフロンティア高等学校附属中学校

④[市立]川崎高等学校附属中学校

✿⑤聖光学院中学校

✿⑥浅野中学校

⑦洗足学園中学校

⑧法政大学第二中学校

⑨逗子開成中学校(1次)

⑩逗子開成中学校(2·3次)

⑪神奈川大学附属中学校(第1回)

⑫神奈川大学附属中学校(第2·3回)

⑬栄光学園中学校

⑭フェリス女学院中学校

新潟県

①[県立]村上中等教育学校

　　　　柏崎翔洋中等教育学校

　　　　燕中等教育学校

　　　　津南中等教育学校

　　　　直江津中等教育学校

　　　　佐渡中等教育学校

②[市立]高志中等教育学校

③新潟第一中学校

④新潟明訓中学校

石川県

①[県立]金沢錦丘中学校

②星稜中学校

福井県

①[県立]高志中学校

山梨県

①山梨英和中学校

②山梨学院中学校

③駿台甲府中学校

長野県

①[県立]屋代高等学校附属中学校

　　　　諏訪清陵高等学校附属中学校

②[市立]長野中学校

岐阜県

①岐阜東中学校

②鶯谷中学校

③岐阜聖徳学園大学附属中学校

静岡県

①[国立]静岡大学教育学部附属中学校(静岡·島田·浜松)

②[県立]清水南高等学校中等部

　[県立]浜松西高等学校中等部

　[市立]沼津高等学校中等部

③不二聖心女子学院中学校

④日本大学三島中学校

⑤加藤学園暁秀中学校

⑥星陵中学校

⑦東海大学付属静岡翔洋高等学校中等部

⑧静岡サレジオ中学校

⑨静岡英和女学院中学校

⑩静岡雙葉中学校

⑪静岡聖光学院中学校

⑫静岡学園中学校

⑬静岡大成中学校

⑭城南静岡中学校

⑮静岡北中学校

⑯常葉大学附属常葉中学校

　常葉大学附属橘中学校

　常葉大学附属菊川中学校

⑰藤枝明誠中学校

⑱浜松開誠館中学校

⑲静岡県西遠女子学園中学校

⑳浜松日体中学校

㉑浜松学芸中学校

愛知県

①[国立]愛知教育大学附属名古屋中学校

②愛知淑徳中学校

③名古屋経済大学市邨中学校

　名古屋経済大学高蔵中学校

④金城学院中学校

⑤椙山女学園中学校

⑥東海中学校

⑦南山中学校男子部

⑧南山中学校女子部

⑨聖霊中学校

⑩滝中学校

⑪名古屋中学校

⑫大成中学校

⑬愛知中学校

⑭星城中学校

⑮名古屋葵大学中学校(名古屋女子大学中学校)

⑯愛知工業大学名電中学校

⑰海陽中等教育学校(特別給費生)

⑱海陽中等教育学校(I·II)

⑲中部大学春日丘中学校

新刊⑳名古屋国際中学校

三重県

①[国立]三重大学教育学部附属中学校

②暁中学校

③海星中学校

④四日市メリノール学院中学校

⑤高田中学校

⑥セントヨゼフ女子学園中学校

⑦三重中学校

⑧皇學館中学校

⑨鈴鹿中等教育学校

⑩津田学園中学校

滋賀県

①[国立]滋賀大学教育学部附属中学校

②[県立]河瀬中学校

　　　　守山中学校

　　　　水口東中学校

京都府

①[国立]京都教育大学附属桃山中学校

②[府立]洛北高等学校附属中学校

③[府立]園部高等学校附属中学校

④[府立]福知山高等学校附属中学校

⑤[府立]南陽高等学校附属中学校

⑥[市立]西京高等学校附属中学校

⑦同志社中学校

⑧洛星中学校

⑨洛南高等学校附属中学校

⑩立命館中学校

⑪同志社国際中学校

⑫同志社女子中学校(前期日程)

⑬同志社女子中学校(後期日程)

大阪府

①[国立]大阪教育大学附属天王寺中学校

②[国立]大阪教育大学附属平野中学校

③[国立]大阪教育大学附属池田中学校

- ④[府立]富田林中学校
- ⑤[府立]咲くやこの花中学校
- ⑥[府立]水都国際中学校
- ⑦清風中学校
- ⑧高槻中学校(A日程)
- ⑨高槻中学校(B日程)
- ⑩明星中学校
- ⑪大阪女学院中学校
- ⑫大谷中学校
- ⑬四天王寺中学校
- ⑭帝塚山学院中学校
- ⑮大阪国際中学校
- ⑯大阪桐蔭中学校
- ⑰開明中学校
- ⑱関西大学第一中学校
- ⑲近畿大学附属中学校
- ⑳金蘭千里中学校
- ㉑金光八尾中学校
- ㉒清風南海中学校
- ㉓帝塚山学院泉ヶ丘中学校
- ㉔同志社香里中学校
- ㉕初芝立命館中学校
- ㉖関西大学中等部
- ㉗大阪星光学院中学校

兵庫県

- ①[国立]神戸大学附属中等教育学校
- ②[県立]兵庫県立大学附属中学校
- ③雲雀丘学園中学校
- ④関西学院中学部
- ⑤神戸女学院中学部
- ⑥甲陽学院中学校
- ⑦甲南中学校
- ⑧甲南女子中学校
- ⑨灘中学校
- ⑩親和中学校
- ⑪神戸海星女子学院中学校
- ⑫滝川中学校
- ⑬啓明学院中学校
- ⑭三田学園中学校
- ⑮淳心学院中学校
- ⑯仁川学院中学校
- ⑰六甲学院中学校
- ⑱須磨学園中学校(第1回入試)
- ⑲須磨学園中学校(第2回入試)
- ⑳須磨学園中学校(第3回入試)
- ㉑白陵中学校
- ㉒夙川中学校

奈良県

- ①[国立]奈良女子大学附属中等教育学校
- ②[国立]奈良教育大学附属中学校
- ③[県立]
  - 国際中学校
  - 青翔中学校
- ④[市立]一条高等学校附属中学校
- ⑤帝塚山中学校
- ⑥東大寺学園中学校
- ⑦奈良学園中学校
- ⑧西大和学園中学校

和歌山県

- ①[県立]
  - 古佐田丘中学校
  - 向陽中学校
  - 桐蔭中学校
  - 日高高等学校附属中学校
  - 田辺中学校
- ②智辯学園和歌山中学校
- ③近畿大学附属和歌山中学校
- ④開智中学校

岡山県

- ①[県立]岡山操山中学校
- ②[県立]倉敷天城中学校
- ③[県立]岡山大安寺中等教育学校
- ④[県立]津山中学校
- ⑤岡山中学校
- ⑥清心中学校
- ⑦岡山白陵中学校
- ⑧金光学園中学校
- ⑨就実中学校
- ⑩岡山理科大学附属中学校
- ⑪山陽学園中学校

広島県

- ①[国立]広島大学附属中学校
- ②[国立]広島大学附属福山中学校
- ③[県立]広島中学校
- ④[県立]三次中学校
- ⑤[県立]広島叡智学園中学校
- ⑥[市立]広島中等教育学校
- ⑦[市立]福山中学校
- ⑧広島学院中学校
- ⑨広島女学院中学校
- ⑩修道中学校
- ⑪崇徳中学校
- ⑫比治山女子中学校
- ⑬福山暁の星女子中学校
- ⑭安田女子中学校
- ⑮広島なぎさ中学校
- ⑯広島城北中学校
- ⑰近畿大学附属広島中学校福山校
- ⑱盈進中学校
- ⑲如水館中学校
- ⑳ノートルダム清心中学校
- ㉑銀河学院中学校
- ㉒近畿大学附属広島中学校東広島校
- ㉓AICJ中学校
- ㉔広島国際学院中学校
- ㉕広島修道大学ひろしま協創中学校

山口県

- ①[県立]
  - 下関中等教育学校
  - 高森みどり中学校
- ②野田学園中学校

徳島県

- ①[県立]
  - 富岡東中学校
  - 川島中学校
  - 城ノ内中等教育学校
- ②徳島文理中学校

香川県

- ①大手前丸亀中学校
- ②香川誠陵中学校

愛媛県

- ①[県立]
  - 今治東中等教育学校
  - 松山西中等教育学校
- ②愛光中学校
- ③済美平成中等教育学校
- ④新田青雲中等教育学校

高知県

- ①[県立]
  - 安芸中学校
  - 高知国際中学校
  - 中村中学校

福岡県

①[国立]福岡教育大学附属中学校（福岡·小倉·久留米）

②[県立]
- 育徳館中学校
- 門司学園中学校
- 宗像中学校
- 嘉穂高等学校附属中学校
- 輝翔館中等教育学校

③西南学院中学校
④上智福岡中学校
⑤福岡女学院中学校
⑥福岡雙葉中学校
⑦照曜館中学校
⑧筑紫女学園中学校
⑨敬愛中学校
⑩久留米大学附設中学校
⑪飯塚日新館中学校
⑫明治学園中学校
⑬小倉日新館中学校
⑭久留米信愛中学校
⑮中村学園女子中学校
⑯福岡大学附属大濠中学校
⑰筑陽学園中学校
⑱九州国際大学付属中学校
⑲博多女子中学校
⑳東福岡自彊館中学校
㉑八女学院中学校

佐賀県

①[県立]
- 香楠中学校
- 致遠館中学校
- 唐津東中学校
- 武雄青陵中学校

②弘学館中学校
③東明館中学校
④佐賀清和中学校
⑤成穎中学校
⑥早稲田佐賀中学校

長崎県

①[県立]
- 長崎東中学校
- 佐世保北中学校
- 諫早高等学校附属中学校

②青雲中学校
③長崎南山中学校
④長崎日本大学中学校
⑤海星中学校

熊本県

①[県立]
- 玉名高等学校附属中学校
- 宇土中学校
- 八代中学校

②真和中学校
③九州学院中学校
④ルーテル学院中学校
⑤熊本信愛女学院中学校
⑥熊本マリスト学園中学校
⑦熊本学園大学付属中学校

大分県

①[県立]大分豊府中学校
②岩田中学校

宮崎県

①[県立]五ヶ瀬中等教育学校

②[県立]
- 宮崎西高等学校附属中学校
- 都城泉ヶ丘高等学校附属中学校

③宮崎日本大学中学校
④日向学院中学校
⑤宮崎第一中学校

鹿児島県

①[県立]楠隼中学校
②[市立]鹿児島玉龍中学校
③鹿児島修学館中学校
④ラ・サール中学校
⑤志學館中等部

沖縄県

①[県立]
- 与勝緑が丘中学校
- 開邦中学校
- 球陽中学校
- 名護高等学校附属桜中学校

もっと過去問シリーズ

北海道

北嶺中学校
7年分（算数・理科・社会）

静岡県

静岡大学教育学部附属中学校
（静岡·島田·浜松）
10年分（算数）

愛知県

愛知淑徳中学校
7年分（算数・理科・社会）
東海中学校
7年分（算数・理科・社会）
南山中学校男子部
7年分（算数・理科・社会）
南山中学校女子部
7年分（算数・理科・社会）
滝中学校
7年分（算数・理科・社会）
名古屋中学校
7年分（算数・理科・社会）

岡山県

岡山白陵中学校
7年分（算数・理科）

広島県

広島大学附属中学校
7年分（算数・理科・社会）
広島大学附属福山中学校
7年分（算数・理科・社会）
広島学院中学校
7年分（算数・理科・社会）
広島女学院中学校
7年分（算数・理科・社会）
修道中学校
7年分（算数・理科・社会）
ノートルダム清心中学校
7年分（算数・理科・社会）

愛媛県

愛光中学校
7年分（算数・理科・社会）

福岡県

福岡教育大学附属中学校
（福岡·小倉·久留米）
7年分（算数・理科・社会）
西南学院中学校
7年分（算数・理科・社会）
久留米大学附設中学校
7年分（算数・理科・社会）
福岡大学附属大濠中学校
7年分（算数・理科・社会）

佐賀県

早稲田佐賀中学校
7年分（算数・理科・社会）

長崎県

青雲中学校
7年分（算数・理科・社会）

鹿児島県

ラ·サール中学校
7年分（算数・理科・社会）

※もっと過去問シリーズは
国語の収録はありません。

教英出版
〒422-8054
静岡県静岡市駿河区南安倍3丁目12－28
TEL 054-288-2131
FAX 054-288-2133

令和６年度

宮崎第一中学校　入学者選抜学力検査問題

（１月５日　第１時限　８時30分～９時20分）

国　　　語

（前　　期）

（注　　　　意）

１．「始め」の合図があるまで，このページ以外のところを見てはいけません。

２．問題用紙は，表紙を除いて10ページで，問題は３題です。

３．「始め」の合図があったら，まず解答用紙に小学校名，受験番号と氏名を記入し，次に問題用紙のページ数を調べて，欠けているページがあれば申し出なさい。

４．答えは，必ず解答用紙の答えの欄《らん》に記入しなさい。

５．印刷がはっきりしなくて読めないときは，だまって手をあげなさい。問題内容や答案作成上の質問は認めません。

６．「やめ」の合図があったら，すぐ鉛筆をおき，問題用紙と解答用紙を別にし，裏返しにして，机の上におきなさい。

問題用紙は持ち帰ってかまいません。

一　次の文章を読んで、あとの問いに答えなさい。（問題の都合上、一部改変した部分があります。）

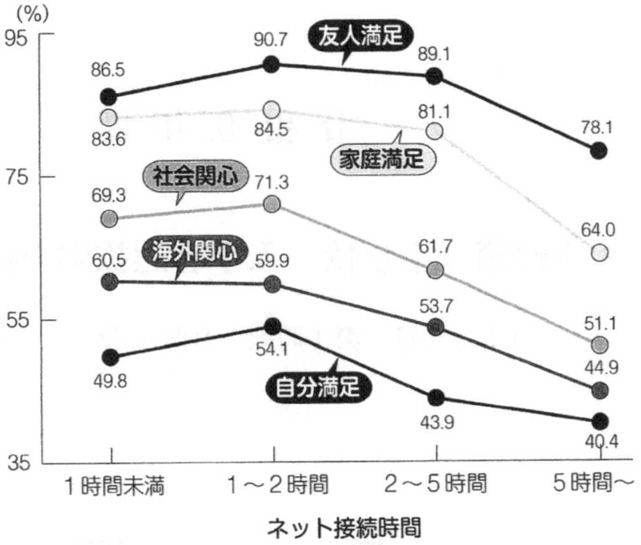

ネット接続時間と満足度や関心度（中学生）
出典：神戸市「神戸市ネット利用アンケート」2021年

グラフは、２０２１年にあった神戸市の※フォーラムのために神戸市の中学生が質問項目《こうもく》を考えたアンケート結果（中学生１４１５人が回答）から作成したものです。「自分満足」「家庭満足」「友人満足」「社会関心」「海外関心」と「ネット接続時間」の関係を図式化しました。

「自分満足」は、「今の自分に満足している」と答えた割合で、「社会関心」は、「社会に関心がある」と答えた割合です。興味深いグラフです。

ネットで自分が嫌《きら》いになる？

［　A　］、「友人満足」について見てみましょう。「満足」と答えたのは、「1～2時間」が一番高いですが、「2～5時間」、「5時間～」と接続時間が増えると「満足」と答える割合が減っていきます。普通《ふつう》に考えると、長い時間、友達とやりとりしていそうなので、友人関係に満足する割合が増えると思いますが、結果はそうなっていません。［　B　］どういうことでしょうか。

神戸市のフォーラムに集まった小中学生に聞いてみました。「ネットで長時間やりとりしていると、[a]ゴカイからケンカになることもある」「SNSは顔が見えないからついきつくなる」と言います。ネットでの長時間のやりとりは必ずしも友情を深めない、とも言います。［　C　］、「……というか、もともと友達とうまくいっていない人がネットに逃《に》げていってる」という言葉まで飛び交いました。

驚《おどろ》きましたが、他の小中学生の多くが大きくうなずき、「現実社会でうまくいかないから、ネットで知らない人とやりとりして癒《い》やされるって結構ある」と言う声まで聞かれました。まさに「①卵が先か、鶏《にわとり》が先か」問題です。

さらに小中学生に聞いてみました。「それはよくわかりましたが、どうして1時間未満の生徒の満足度が落ちているのですか？」。

この質問への小中学生の回答もbメイカイでした。「1～2時間程度が適度な時間で、1時間じゃ［X］ということだと思います」。

さらにびっくりしました。

「自分満足」「家庭満足」も同じような形をしています。これについても質問してみました。「長く使いすぎると、自分でも『あ～、やっちゃった～』と自己嫌悪《けんお》になっちゃう」「長時間使ってるとお母さんとバトルになる」という答えに会場にいた小中学生が大きくうなずきました。思わず、「じゃ、長くなる前にやめたらいいんじゃないの？」と聞いてみたところ、「それがやめられないんですよ」と一同、苦笑い。②これも大きな共感を集めました。

自分にとって適度な時間はいったいどれくらいか。一度、立ち止まって考えてみてください。人によって違《ちが》うはずです。

③ネットで世界が狭《せま》くなる？

［D］「社会関心」について見てみましょう。「満足」のグラフと同じように、「1～2時間」が一番社会に関心が高いですが、「2～5時間」、「5時間～」と接続時間が増えると社会に関心を持つ割合が減っていきます。インターネットでは世界中のいろいろなことがわかります。ネットに長く接続すると当然、社会への関心は高まるはずです。私は長く勝手にそう思ってきました。［E］結果は違いました。どう考えたらよいのでしょうか。

これについても、神戸市のフォーラムで小中学生に聞いてみました。答えはこうです。「私たちは社会への関心が高まるような使い方をしていません。ずっと同じことばかりしています。自分と意見が同じ人の声や、自分が関心のあることだけにしか接していないのかもしれません」「僕《ぼく》はネットはゲームか動画しかしない」「私はSNSかな」。

他の生徒はこうも言いました。「テレビだったら、自分と違う人の意見や、関心のないニュースも勝手に耳に入ってくるけど、ネットは自分が選ばないと何も入ってこない」。これは大きなポイントだと思います。これからますますネットは発展していって、いろんな情報が簡単に手に入るようになっていきますが、そのスタートには、自分で知りたい、見たい、聞きたいという気持ちがなければなりません。

最近は、勉強でもネットを使う人も増えています。2020年度、※GIGAスクール構想で小中学生が1人1台※情報端末《たんまつ》を持つよ

国語 3

うになりました。これまでのようにcタンジュンにネット利用時間だけで影響《えいきょう》について考えるのは無理があります。

（竹内和雄『10代と考える「スマホ」 ネット・ゲームとかしこくつきあう』岩波ジュニアスタートブックスより）

［注］ ※フォーラム……………公開の討論会。
※GIGAスクール構想……全国の児童・生徒一人に一台のコンピューターと高速ネットワークを整備する文部科学省の取り組み。
※情報端末……………タブレットやスマートフォンなど、情報にアクセスするための機器・機械のこと。

問一 ――a～cのカタカナを漢字に直しなさい。

問二 [A]～[E] にあてはまる語を次から一つずつ選び、記号で答えなさい。

ア いったい　**イ** さらに　**ウ** しかし　**エ** まずは　**オ** 次に

問三 ――①「卵が先か、鶏が先か」とは、「どちらが先なのか説明のしようがなく、堂々巡《めぐ》りになってしまうこと」という意味ですが、この文章の場合、どういうことを言おうとしているのか、わかりやすく説明しなさい。なお、次の三つの条件を満たして解答すること。

条件1　卵と鶏が何にあたるかを具体的にすること。
条件2　文末は「……どちらが先か説明できないということ。」に続くようにすること。
条件3　説明の記述の方法は次の例を参考にすること。
　例　親が面倒《めんどう》を見過ぎるから子供が自立しないのか、子供が自立しないから親が面倒を見てしまうのか、どちらが先か説明できないということ。

問四 [X] にあてはまる語を考えて書きなさい。

問五 ――②「これも」とありますが、この段落よりも前に「大きな共感」を集めたことがらは何か、「ということ。」に続くように本文から三十字以内でぬき出しなさい。

問六 ――③「ネットで世界が狭くなる」とありますが、神戸市のフォーラムに参加した小中学生は、それはなぜだと考えているか、「現代の子どもたちは」に続くように本文の語句を用いて説明しなさい。

問七 ネットを取り巻く環境《かんきょう》が日々変化していく中、筆者が重要視していることは何か。二十字程度で抜き出しなさい。

問八 次の中から、本文の内容に合うものには○、合わないものには×をつけなさい。ただしすべてを○、あるいは×としたものは解答として認めません。

① 自分とは違う考えや関心のないことまで知ることができるので、テレビを積極的に利用するのが良い。
② 中学生にとって、満足度や関心度を上げるためには、ネットの接続時間は1～2時間にするのが最も良い。
③ 子どもたちを取り巻くネット環境は日々変化しているので、利用時間や使用法については個人で考えるべきだ。
④ ネットを使うと家族とのトラブルが起きることもあるが、ネット接続時間が5時間以内なら全く影響はないと言える。

二　次の文章を読んで、あとの問いに答えなさい。

小学生の頃、ぼくはクラスメイトの悟《さとる》、ユリカと一緒に、ユリカが育てた鳩、ライツィハーを鳩レースに参加させようと、日本最北端の地、稚内《わっかない》へ向かったことがあった。

二十四年前、ライツィハーを放鳩《ほうきゅう》したあの日、ぼくらは※稚内から大急ぎで※岩槻《いわつき》に帰った。ライツィハーが帰っていると信じて、※ウィレムさんの鳩舎に駆《か》けつけた。※ジローさんが放鳩前に連絡を入れてくれていたため、ウィレムさんは鳩舎の前で待機してくれていた。空を見上げていたウィレムさんはぼくらに気づくと、悲しそうに首を振った。

次の日も、そのまた次の日も、ぼくたちはライツィハーの帰りを待った。三人で鳩の神様に祈りつつ空を見上げた。鳥の影が空を横切ればライツィハーではと身構えたが、それはいつもカラスか※ドバトだった。

「　Ｉ　」

ユリカは怒った顔で言った。怒っていなければ泣き出してしまう。そんな心境だったのだろう。ぼくもそうだったし、きっと悟も同じだった。ぼくらはみんな怒ってばかりいた。①不機嫌《ふきげん》の仮面をかぶり続けた。

一週間が過ぎてもライツィハーは帰ってこなかった。小学生のぼくらでも事実としてなにが起こったのか理解できた。

「もうライツィハーは帰ってこないよ」

最初に言ったのは悟だ。現実を見据《みす》え、受け入れる強さを悟は持っていた。レースに参加した鳩が帰ってこない場合もあると、経験から知っていたのだろう。悟はぼくなどよりはるかに大人だった。

ぼくは受け入れられなかった。帰ってこないと言った悟の肩を強く押した。まるでＡ見当ちがいの怒りだとはわかっていた。それでも止められなかった。もう一度肩を押す。二度目は強く突くかのように。

帰ってこないなんて言葉にしたら本当に帰ってこなくなるだろ！

心の中で叫びながら、無言で三たび悟の肩を突いた。悟の眉間《みけん》にしわが寄って、突き返された。お互いぎゅっと唇《くちびる》を結び、目を X させながら強く突き合った。そのうちぼくの手が、中途半端《ちゅうとはんぱ》によけようとした悟の耳に当たった。耳は見る見るうちに赤くなった。

「痛えな！」

つかみ合いになり、足がもつれてふたりして地面に横倒しになった。もつれ合いながら、殴《なぐ》り合った。ぼくのこぶしが悟のこめかみに当たり、悟のこぶしがぼくの右目に直撃して、a星を散らした。

「やめなよ！」

ユリカにB一喝《いっかつ》されて、ぼくらは離れた。そもそも相手が憎くてこんなことをしているわけでもない。

あきらめなくてはいけないときがきていると、幼いぼくでもわかった。帰還《きかん》できなかった理由はいくらでも考えつく。海を渡る最中に力尽きたとか、※猛禽類《もうきんるい》に捕食されたとか。

ぼくらは黙《だま》りこみ、b彩度《さいど》の低い水色の空を見上げた。ウィレムさんの家の裏庭で息を潜《ひそ》めて佇《たたず》んだ。言葉を交わし合わないと時間はゆっくりと進むものなのだ、と、cあのとき知った。

いまにして思えば、泣き出さなかったユリカは偉《えら》かった。雛《ひな》から育て上げたライツィハーを自ら放鳩したのだ。しかもわざわざ稚内まで行って。もしもぼくが彼女の立場だったら、自分のしたことに耐《た》えかねて泣き叫んでいただろう。でも、ユリカはじっと耐えていた。本当に強い子だった。悟も強かった。ただぼくだけが弱くて、取り乱していた。ライツィハーの愛らしい顔を思い出しては、 Y 泣いた。本当はユリカも悟も泣きたかったのかもしれない。でも、泣きじゃくるぼくを前にして、ふたりは泣くに泣けなかったのだ。大人になって、そう考えるようになった。

放鳩日から十日が経ったとき、ウィレムさんに諭《さと》されてぼくらは待つことをやめた。稚内の方角である北の空をd横目で鋭く睨《にら》みつけ、涙をこらえてぼくはつぶやいた。

「神様なんて、いない」

あれだけ祈ったのに鳩の神様はライツィハーを帰してくれなかった。神様なんているはずがない。傍《かたわ》らでうつむく悟がe両こぶしを握《にぎ》って続いた。

「そうだよ。神様なんて、いない」

ぼくらはものすごく悲しい真理にたどり着き、②ものすごく悲しいつながりを得たのだった。

（関口尚『はとの神様』）

［注］
※稚内・岩槻……北海道の地名。
※ウィレムさん……ユリカの父親。
※ジローさん……悟の父親。
※ドバト……公園や神社、寺などにいるハト。
※猛禽類……曲がった鋭いくちばしとつめを持ち、他の動物を捕食する大型の鳥類の総称。

問一 ══A・Bの意味として最も適切なものを次から一つずつ選び、それぞれ記号で答えなさい。

A 見当ちがい
- ア 人並外れていること
- イ 見込みがはずれること
- ウ 互いの意見が一致しないこと
- エ 別のものが入り混《ま》じること

B 一喝されて
- ア 勢いよく励《はげ》まされて
- イ 力強く声を掛けられて
- ウ 大声で叱《しか》られて
- エ 簡単に負かされて

問二　[I]に当てはまる会話文として最も適切なものを次から一つ選び、記号で答えなさい。

ア　たしかさっき帰ってきていたよ
イ　帰ってこなかったらどうしよう
ウ　きっと明日帰ってくるよ
エ　帰ってくるにはまだ早いと思うよ

問三　――①「不機嫌の仮面をかぶり続けた」という表現について、生徒同士で話し合いを行いました。左の会話はその一部です。空らんに当てはまる言葉を考えて書きなさい。

【会話】

Aさん　「仮面」って言っているということは、そこに隠された顔があるということかな？

Bさん　「怒っていなければ泣き出してしまう」と書いてあるので、きっと「悲しみ」が隠されているんだろうね。

Aさん　泣き出してしまわないようにしていたということか。でもなんで泣かないようにしていたのだろう。

Bさん　泣くということは、[　　　　　　]ことになるからだと思うよ。そして、それは主人公たちにとって受け入れられないことだったんだよ。

Aさん　それくらい、みんなライツィハーのことが大事で、帰ってくるのを信じていたかったんだね。

問四　[X]・[Y]に当てはまる言葉として最も適切なものを次から一つずつ選び、それぞれ記号で答えなさい。

ア　さめざめ　　イ　ちかちか　　ウ　わんわん　　エ　ぎらぎら　　オ　しくしく

問五 ――②「ものすごく悲しいつながりを得た」とありますが、それはどういうことですか。最も適切なものを次から一つ選び、記号で答えなさい。

ア ライツィハーに帰ってきてほしいという願いが叶《かな》わず、大切なものを失った心の痛みを三人が共有したということ。

イ あれだけ信じていた神様に裏切られ、最後に頼れるのは自分たちしかいないと三人の絆を再確認したということ。

ウ 苦労して放鳩したライツィハーを失った悲しい気持ちを糧《かて》として、三人がいっそう一致団結したということ。

エ もともと半信半疑だった神様の存在を、今回の件で完全に否定できたことで三人の見解が一致したということ。

問六 本文の説明として**適切でない**ものを次から一つ選び、記号で答えなさい。

ア ～～～a「星を散らした」には、悟に対してさらなる反撃にうって出ようとするぼくの気持ちの高ぶりが表現されている。

イ ～～～b「彩度の低い水色の空を見上げた」には、ライツィハーをあきらめなければならない三人のやるせない気持ちが反映されている。

ウ ～～～c「あのとき知った」という表現から、本文が大人になった「ぼく」の回想であることが示されている。

エ ～～～d「横目で鋭く睨みつけ」、～～～e「両こぶしを握って」には、ライツィハーの帰還が叶わなかった悔しい気持ちが表されている。

三 次の各問いに答えなさい。

問一 次の――部のカタカナを漢字に直しなさい。

① 三学期のセイセキ。 ② 西洋の絵のフクセイ。 ③ いったんホリュウにする。

④ 一万冊以上のゾウショ。 ⑤ ダンチョウの思いで諦《あきら》める。 ⑥ チンギンが支払われる。

問二 次の――部の漢字の読みを答えなさい。

① 風に逆らって走る。 ② 江戸時代から連綿と続く和菓子屋。 ③ 胸中を察する。 ④ 弱る心を奮い立たせる。

問三 次の（ ）の中の言葉を【 】で指定された敬語に直しなさい。

① 妹は今日、これから習い事（だ）。 【ていねい語】

② 来週、先生のご自宅に（行き）ます。 【けんじょう語】

③ 先生が（くれた）本はとてもおもしろかった。 【尊敬語】

④ この後わからないところを（聞いて）もよいですか。 【けんじょう語】

⑤ お手元の資料を（見てください）。 【尊敬語】

令 和 6 年 度

宮崎第一中学校　入学者選抜学力検査問題

（1月5日　第2時限　9時30分～10時20分）

算　　数

（前　　期）

（注　　意）

1．「始め」の合図があるまで，このページ以外のところを見てはいけません。

2．問題用紙は，表紙を除いて5ページで，問題は5題です。

3．「始め」の合図があったら，まず解答用紙に小学校名，受験番号と氏名を記入し，次に問題用紙のページ数を調べて，欠けているページがあれば申し出なさい。

4．答えは，必ず解答用紙の答えの欄《らん》に記入しなさい。

5．印刷がはっきりしなくて読めないときは，だまって手をあげなさい。問題内容や答案作成上の質問は認めません。

6．「やめ」の合図があったら，すぐ鉛筆をおき，問題用紙と解答用紙を別にし，裏返しにして，机の上におきなさい。

問題用紙は持ち帰ってかまいません。

算　数　1

1　次の計算をしなさい。

(1)　2.023×5000

(2)　$432\div3-12\times11$

(3)　$3.1+4.2+5.3-6.4+7.5+8.6-9.7$

(4)　$3\frac{2}{3}-\left(3\frac{3}{4}-2\frac{1}{3}\right)$

(5)　$2.34\times2.5-1.23\times2.5+3.45\times2.5-4.56\times2.5$

(6)　$\frac{7}{4}\times\left(\frac{2}{3}+\frac{2}{7}\right)-\frac{5}{12}\div\frac{15}{4}\div\frac{8}{9}$

2　次の各問いに答えなさい。

⑴　分母が 31 で $\frac{13}{15}$ より大きく1より小さい分数は全部で何個ありますか。

⑵　10 円硬貨 3 枚，50 円硬貨 1 枚，100 円硬貨 2 枚があります。これらの一部または全部をつかって支払うことができる金額は何通りか答えなさい。

⑶　ある学校の生徒数は，男子の方が女子よりも 27 人多く，合計で 791 人です。この学校の女子の人数を答えなさい。

⑷　A：B＝1：3，B：C＝2：5，C：D＝7：3です。このとき，A：D＝ ア ： イ です。最もかんたんな整数の比となるようにア，イに当てはまる数を答えなさい。

⑸　下の図のしゃ線部分の面積を求めなさい。

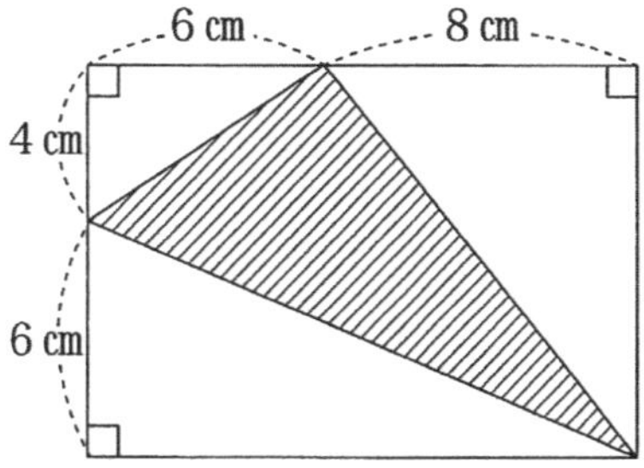

算　数　3

3　Pをスタート地点とし，P地点とQ地点の間を，Aくん，Bくん，Cくんの3人が次のように動きます。

・Aくんは，Q 地点に着いたら P 地点へ向かって引き返す
・Bくんは，Aくんの速さの$\frac{1}{2}$倍の速さで進み，Aくんと出会ったら P 地点へ向かって引き返す
・Cくんは，Aくんの速さの$\frac{1}{3}$倍の速さで進み，Aくんと出会ったら P 地点へ向かって引き返す

いま，Aくん，Bくん，Cくんの3人が同時に P 地点を出発しました。

Aくんが出発してから36分後にCくんと初めて出会い，このとき，BくんとCくんは150 m離れていました。次の問いに答えなさい。ただし，3人は常に一定の速さで進むものとする。

(1)　Aくんが Q 地点に着くのは，出発してから何分後ですか。

(2)　Bくんが P 地点に戻ってくるのは，出発してから何分後ですか。

(3)　P 地点から Q 地点までの道のりは何 m ですか。

4　右の図のような１辺が５cmの正方形の中に半径１cmの円が辺にふれながら，はみ出ることなく１周します。

このとき，次の問いに答えなさい。

ただし，円周率は 3.14 とする。

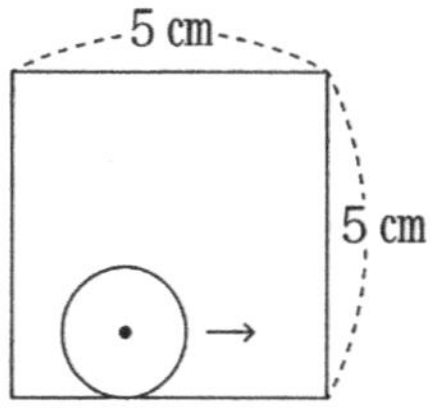

(1)　円の中心が動く長さを求めなさい。

(2)　円が通過した部分の面積を求めなさい。

さらに，この正方形を右の図のように３つ重ねた図形をつくり，同様な動きでその内部で半径１cmの円を１周させる。

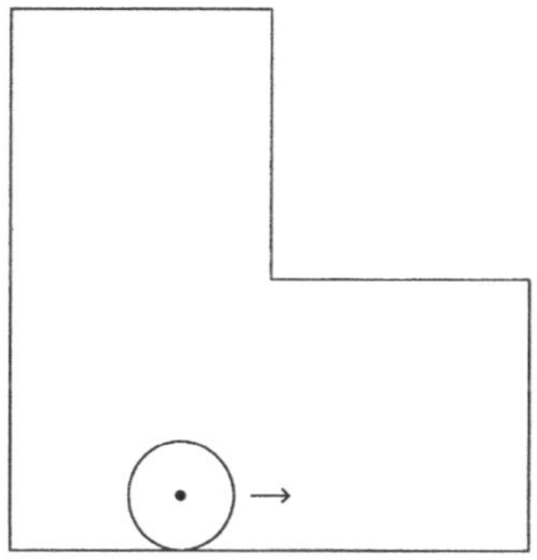

(3)　円が通過した部分の面積を求めなさい。

算 数 5

5 三角形が成り立つためには，「いちばん長い辺の長さは，他の２つの辺の長さの合計より短い」という条件があります。あつしくんは，輪になったロープを12等分するように印をつけ，そのロープを３点でピンと張って，下の図のように三角形を作りました。

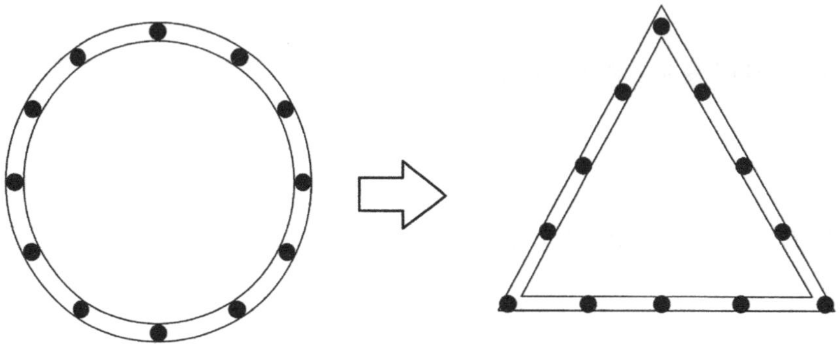

このとき，印を頂点にして作られる三角形は何種類ありますか。
ただし，回転させたり，裏返しにしたりして同じになるものは１種類と数えます。

令 和 6 年 度

宮崎第一中学校　入学者選抜学力検査問題

（1月5日　第3時限　10時30分～11時00分）

社　　会

（前　　期）

（注　　　意）

1．「始め」の合図があるまで，このページ以外のところを見てはいけません。

2．問題用紙は，表紙を除いて9ページで，問題は3題です。

3．「始め」の合図があったら，まず解答用紙に小学校名，受験番号と氏名を記入し，次に問題用紙のページ数を調べて，欠けているページがあれば申し出なさい。

4．答えは，必ず解答用紙の答えの欄《らん》に記入しなさい。

5．印刷がはっきりしなくて読めないときは，しずかに手をあげなさい。問題内容や答案作成上の質問は認めません。

6．「やめ」の合図があったら，すぐに鉛筆をおき，問題用紙と解答用紙を別にし，裏返しにして，机の上におきなさい。

問題用紙は持ち帰ってかまいません。

社　会　1

1　ヤスコさんは，中部地方について調べたことを授業で発表しました。その内容を読んで，あとの問いに答えなさい。

> 中部地方は，日本列島の中央，ⓐ東京と大阪の中間に位置し，ⓑ９つの県で形成されています。
>
> 自然や地形については，中央部は3,000m級の山が連なって，「日本の（　ⓒ　）」とよばれています。気候は，東海地方，ⓓ中央高地，北陸地方でそれぞれ異なっています。
>
> 工業では，名古屋市を中心にⓔ岐阜県・三重県の一部の領域を含むⓕ中京工業地帯を形成し，ⓖ自動車などが多く生産されています。
>
> 農業では，都市向けの野菜・花の栽培，冷涼な気候を利用したⓗ高原野菜の栽培，扇状地でのⓘ果樹栽培が展開されています。

日本地図

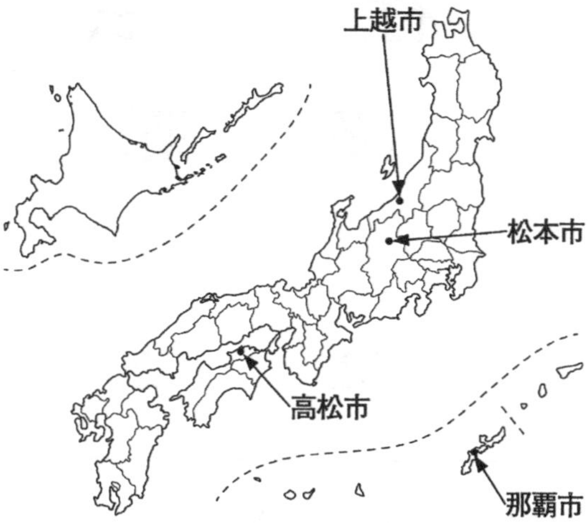

（１）文章中の下線部ⓐについて，2027年の開業（品川-名古屋）予定のJR東海のリニア中央新幹線の静岡工事区間で，静岡県の知事が「（　　　　）川流域の水資源への影響を否定できない」として，着工に「待った」をかけて2027年の開業に遅れがでそうになっています。（　　　　）川とはどこですか。次の①～④の中から１つ選び，番号で答えなさい。

①　信濃川　　②　大井川　　③　利根川　　④　吉野川

（2）文章中の下線部ⓑについて，次の資料は，中部地方の長野県・静岡県・石川県・愛知県を示しています。長野県は資料中の①～④のどれにあてはまりますか。①～④の中から１つ選び，番号で答えなさい。

資料：中部地方の各県のデータ

県名	面積 【㎢】（2021）	人口 【千人】（2021）	農業産出額 【億円】（2020）	工業製品出荷額 【億円】（2019）
①	5,173	7,517	2,893	479,244
②	7,777	3,608	1,887	171,540
③	4,186	1,125	535	30,059
④	13,562	2,033	2,697	61,578

（3）文章中の（　ⓒ　）にあてはまる適切な語句を漢字で答えなさい。

（4）次の雨温図は地図中にある上越市・松本市・那覇市・高松市を示しています。文章中の下線部ⓓにあたる松本市の雨温図を次の①～④の中から１つ選び，番号で答えなさい。

①
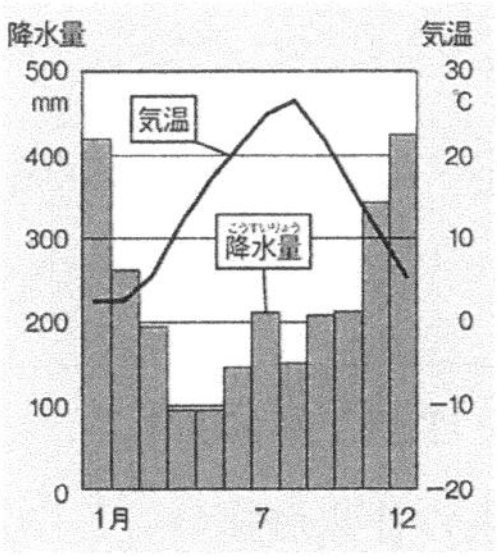

②
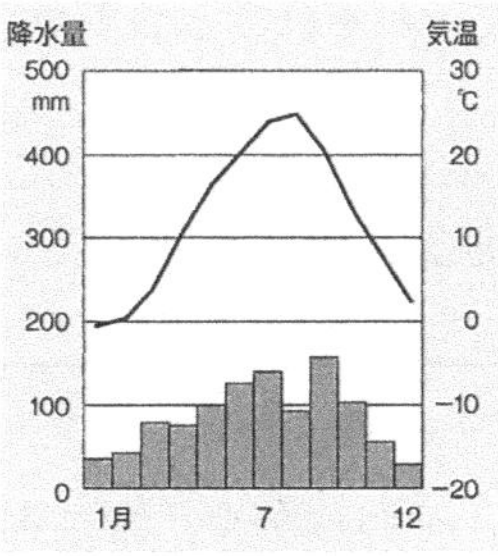

③
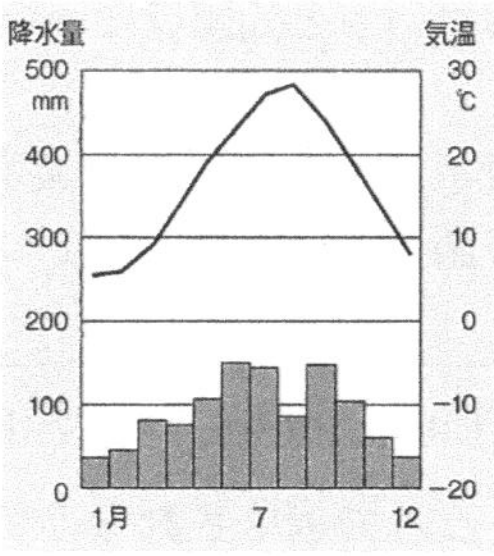

④
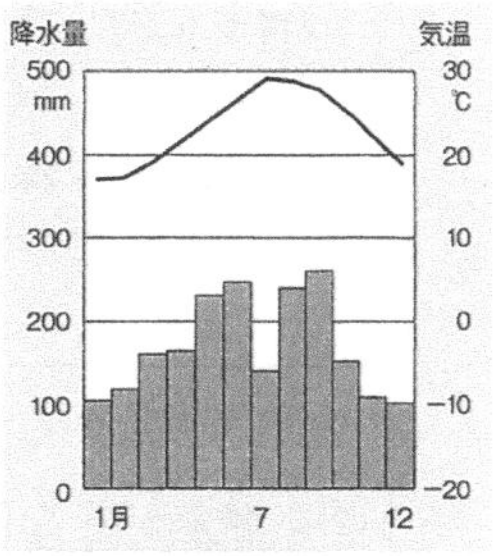

『2017年刊理科年表平成30年』参考

（5）文章中の下線部ⓔについて，この県の下流域には次の図のように大きな川に囲まれた土地が広がっています。水害から土地を守るために図のような堤防で囲まれた集落を何といいますか。

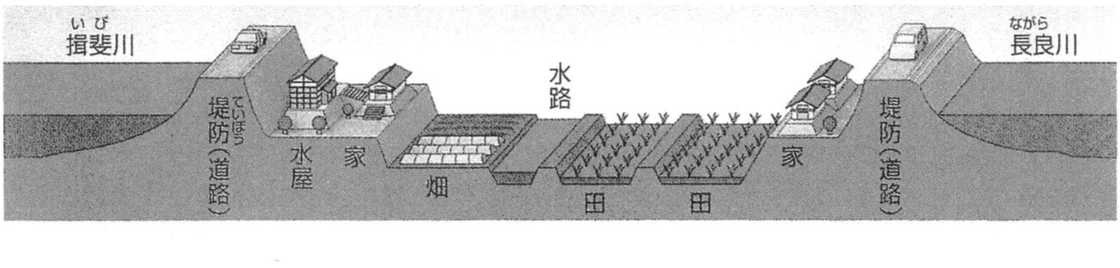

社 会 3

（6）文章中の下線部ⓕについて，次の工業製品出荷額割合（2019年）は，京浜・中京・阪神・北九州の工業地帯・工業地域を示しています。中京工業地帯の工業出荷額割合を次の①～④の中から1つ選び，番号で答えなさい。

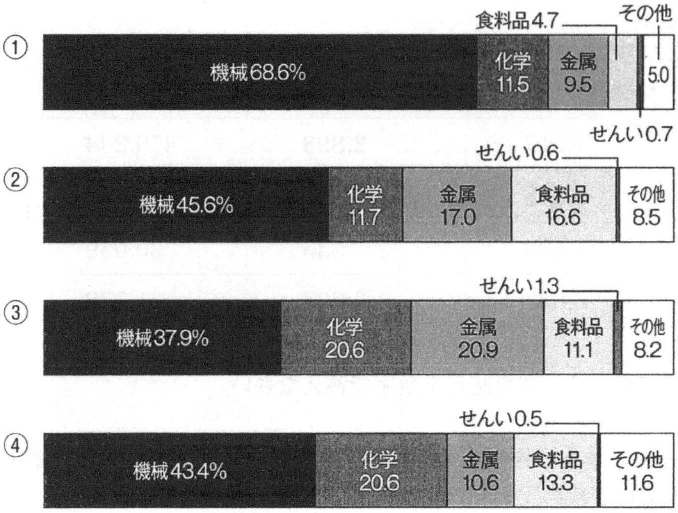

（7）文章中の下線部ⓖについて，電気自動車（EV）の普及が推進されていますが，電気自動車の普及に関しての良い点と問題点についてそれぞれひとつずつ答えなさい。

（8）文章中の下線部ⓗについて，次の文章は，高原野菜について述べたものです。文章中の下線部①～④の中で**誤っているもの**を1つ選び，番号で答えなさい。

> 高原野菜とは，標高1,000m～1,500mの高地で栽培される①キャベツなどの野菜です。②気温差があるところで栽培されるので，やわらかく，野菜本来の甘味が強いことで知られています。③夏が涼しい気候や立地条件を利用して出荷時期を遅らせる④促成栽培で都市部の出荷に有利になってます。

（9）文章中の下線部ⓘについて，次のグラフは，あるくだものの生産高（2021年）が多い都道府県を示しています。あるくだものとは何ですか。次の①～④の中から1つ選び，番号で答えなさい。

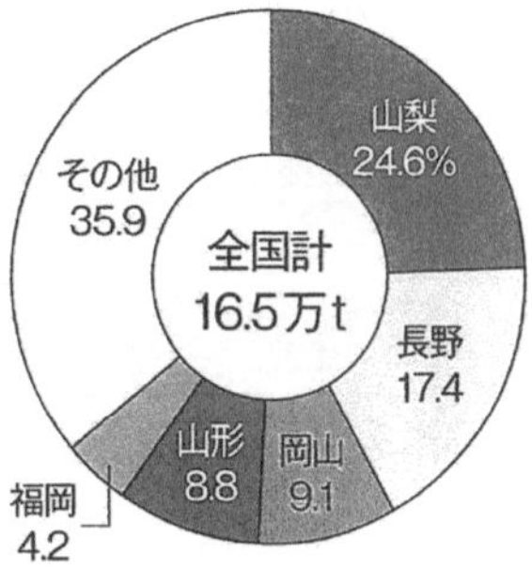

① みかん
② りんご
③ ぶどう
④ さくらんぼ

2　次の文章を読んで，あとの各問いに答えなさい。

近畿地方には昔から多くの人々が住み，生活していました。ⓐ<u>5世紀</u>には，近畿地方に大きな（　ア　）がたくさん作られました。その中でも，大阪府堺市の【　イ　】古墳は日本最大の（　ア　）で，近畿地方に大きな勢力があったことがわかります。

またこの時代の大阪には，難波津という港があり，ⓑ<u>アジア各国との外交の窓口として貿易や文化交流において重要な役割を果たしました</u>。ⓒ<u>平安時代</u>になると，瀬戸内海から淀川を経て平安京へ通じる水上交通のかなめとして栄えました。この港には，藤原道長が都への帰りに立ち寄ったりしたという記述が残っています。その後，ⓓ<u>源平の戦いや南北朝の内乱では戦いの舞台にもなりました</u>。

また，1582年に（　ウ　）をたおした≪　エ　≫は，大阪城を築いて 天下統一を進めました。ⓔ<u>江戸時代には，大阪は「【　オ　】」と呼ばれ，商業の中心地として発展しました</u>。それと同時に，この時代の大阪では，町人の間で広まった文化も開花し，芝居小屋はいつも大勢の人でにぎわっていました。また，ⓕ<u>学問を学ぶ機会も増えてきました</u>。大阪は，商売人の町として栄え，多くの文化を生み出しています。

（1）文章中の空欄（　ア　）には古墳の種類，空欄（　ウ　）には人物名が入ります。それぞれの空欄にあてはまる語句を答えなさい。

（2）文章中の空欄【　イ　】・空欄【　オ　】にあてはまる語句を，それぞれ答えなさい。

（3）文章中の下線部ⓐについて，右の資料からどのようなことが言えるか，説明しなさい。

資料

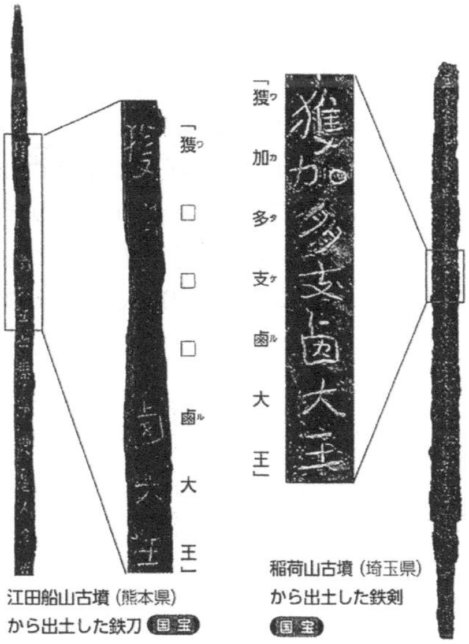

江田船山古墳（熊本県）から出土した鉄刀　国宝

稲荷山古墳（埼玉県）から出土した鉄剣　国宝

（4）文章中の下線部ⓑについて，あとの問いに答えなさい。

Ⅰ 日本とアジアの外交についての説明として正しいものを，次の①～④から1つ選び，番号で答えなさい。

① 聖武天皇は，大陸の政治や文化を学ばせるために，遣隋使を派遣した。
② 室町幕府8代将軍の足利義政は，中国の明と貿易を行い，大きな利益を得た。
③ 江戸時代には，松前藩がアイヌとの交易を独占することを江戸幕府から認められていた。
④ 幕末には浦賀にペリーが来航し，日米和親条約を結び，下田と横浜の二つの港を開くことになった。

Ⅱ 大陸から伝わった文化の一つに仏教がある。仏教が日本に伝わると，聖徳太子は大阪に四天王寺を建てた。聖徳太子について説明した次のA・Bの文を読み，それぞれの文の正誤の組み合わせとして正しいものを，下の①～④から1つ選び，番号で答えなさい。

A：聖徳太子は，豪族の蘇我氏をせめほろぼし，天皇を中心とする政治のしくみを整えた。
B：聖徳太子は，朝廷の役人の位を12段階に分けて家がらを重視して役人を取り立てた。

① A：正 B：正　② A：正 B：誤
③ A：誤 B：正　④ A：誤 B：誤

（5）文章中の下線部ⓒについて，次の①～④からこの時代の文化財を1つ選び，番号で答えなさい。

① 厳島神社　② 日光東照宮　③ 東大寺　④ 金閣

（6）文章中の下線部ⓓについて，日本の歴史上おこった戦いや一揆の説明として正しいものを，次の①～④から1つ選び，番号で答えなさい。

① 源頼朝は自ら京都へ攻めのぼり，最後には山口県の壇ノ浦で平氏をほろぼした。
② 2度にわたり日本に攻めてきた元軍は，集団戦法や火縄銃を使用して鎌倉幕府を苦しめた。
③ 室町幕府の将軍のあとつぎ問題をめぐり，守護大名同士が対立する応仁の乱がおこった。
④ 徳川秀忠が将軍のときにおこった島原・天草一揆では，16歳の益田時貞（天草四郎）を中心に3万7000人のキリスト教信者や百姓が立ち上がった。

（7）下の文章は，≪　エ　≫の人物が出したある政策の史料の一部をやさしく書き直したものです。≪　エ　≫の人物名とこの政策の名称を答えなさい。また，史料から読み取ることができるこの政策の目的を説明しなさい。

史料

一　百姓が刀，やり，鉄砲そのほかの武器を持つことをかたく禁止する。不必要な武器を持ち，ねんぐを納めず，一揆をくわだてて武士に反抗すれば罰する。
（　中　略　）
一　取り上げた武器は，むだにはしない。新しく大仏をつくるためのくぎなどに役だてる。
一　百姓は農具さえ持って，農業に専念すれば子孫の代まで末永く幸せである。

（8）下線部ⓔについて，下の資料をもとに，大坂が「【　オ　】」と呼ばれた理由を，「蔵屋敷」，「西まわり航路」の語句を使って説明しなさい。

資料

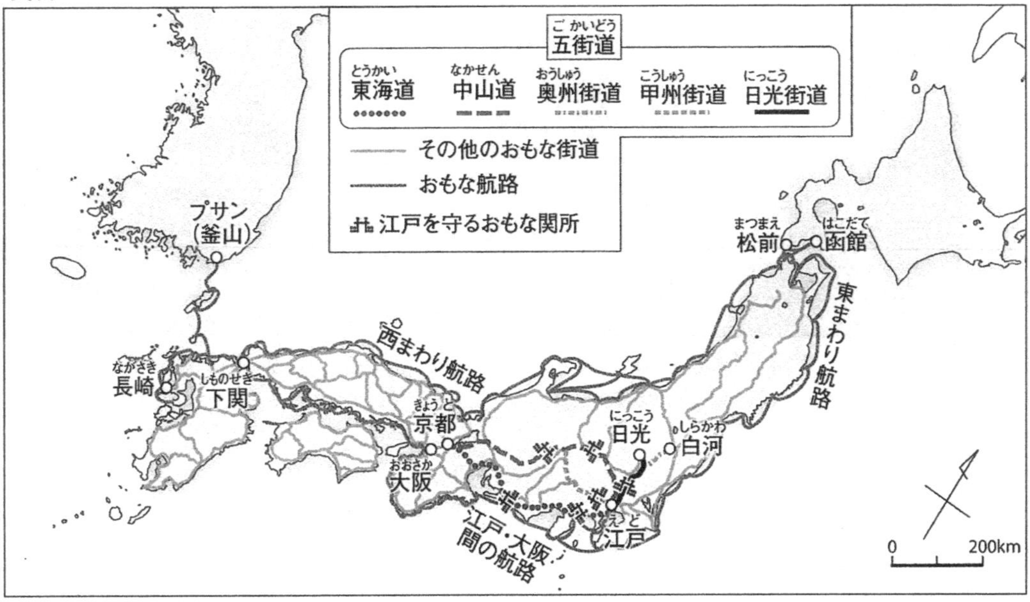

（9）下線部ⓕについて，下の資料から江戸時代の学問についてどのようなことが言えますか。資料をもとに説明しなさい。

幕府の学問所の様子
（儒学の講義の様子）

寺子屋の様子
（7才から13才位までの子どもたちが通った）

清学院（大阪府堺市）
（江戸後期には寺子屋として使われた）

弘道館（水戸藩）
（藩士の子弟たちが儒学を学んだ）

3　リナさんは社会科の授業を通して，“裁判と人権”について関心を持ち，調べ学習を行いました。以下の資料はリナさんが集めた資料です。資料を参考にしてあとの問いに答えなさい。

資料Ⅰ　「さまざまな法」

社会の中で多くの人々がともに暮らしていくためには，決まり【ルール】が必要です。法は，そのような決まりの一つです。
法には，国の最高法規である（　A　），（　B　）が制定する法律，地方公共団体が定める（　C　）などさまざまな種類があります。

資料Ⅱ　「裁判の仕組み」

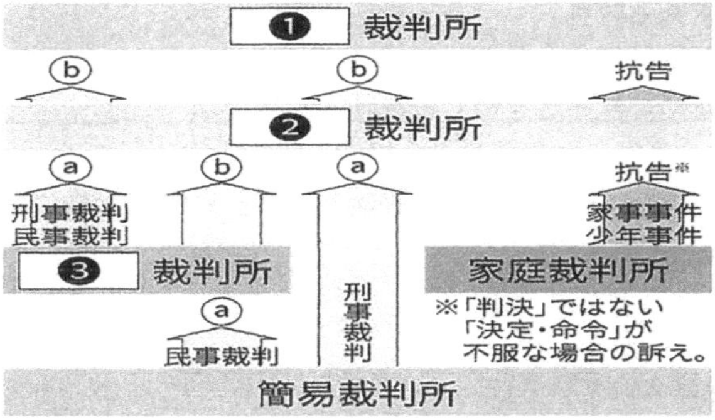

資料Ⅲ　「民事裁判と刑事裁判」

裁判には，民事裁判と刑事裁判があります。
民事裁判は，個人や企業の間の私的トラブルを解決するための裁判です。
刑事裁判は，殺人や傷害，強盗などの犯罪について扱う裁判です。

資料Ⅳ　「死刑制度について」

日本では，死刑を最も重い刑罰としています。しかし，全ての被告【裁判で訴えられた人】が必ず死刑になるのではなく，さまざまな事情をふまえて裁判で判断されます。
世界では死刑制度を廃止する国も多くなっていますが，日本は死刑制度を維持しています。以下は，死刑制度の廃止・存続に関する世論調査の結果です。

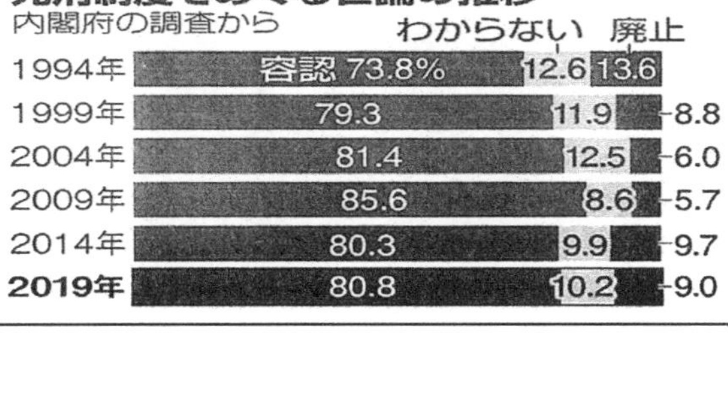

（1）**資料Ⅰ**の空欄（　A　）～（　C　）に当てはまる語句をいずれも**漢字２文字**で答えなさい。

（2）**資料Ⅱ**の空欄（　❶　）～（　❸　）に当てはまる語句を答えなさい。

（3）日本の裁判制度が，**資料Ⅱ**のような仕組みになっている理由を簡潔に答えなさい。

（4）**資料Ⅲ**における刑事裁判と民事裁判に関して，次の組合せの中で**適切でないもの**を選び，番号で答えなさい。なお，答えは一つとは限りません。また，答えがない場合は，「なし」と答えなさい。

①　刑事裁判 － 空港の建設工事の中止を求める裁判。
②　民事裁判 － 貸したお金の返済を求める裁判。
③　刑事裁判 － 親族間の遺産相続の配分をめぐる裁判。
④　民事裁判 － 県内で発生した振り込め詐欺事件をめぐる裁判。

（5）**資料Ⅳ**に関連して，次の①～④のうち，「死刑制度を存続すべき」とする立場の意見として**適切でないもの**を１つ選び，番号で答えなさい。

①　犯罪者の収監には多くの税金がつかわれる。
②　すべての国民には生きる権利が保障されている。
③　死刑には犯罪防止効果がある。
④　被害者や被害者遺族の感情に寄り添うべきだ。

令 和 6 年 度

宮崎第一中学校　入学者選抜学力検査問題

（1月5日　第4時限　11時10分～11時40分）

理　　　科

（前　　期）

（注　　　意）

1．「始め」の合図があるまで，このページ以外のところを見てはいけません。

2．問題用紙は，表紙を除いて5ページで，問題は3題です。

3．「始め」の合図があったら，まず解答用紙に小学校名，受験番号と氏名を記入し，次に問題用紙のページ数を調べて，欠けているページがあれば申し出なさい。

4．答えは，必ず解答用紙の答えの欄《らん》に記入しなさい。

5．印刷がはっきりしなくて読めないときは，しずかに手をあげなさい。問題内容や答案作成上の質問は認めません。

6．「やめ」の合図があったら，すぐに鉛筆をおき，問題用紙と解答用紙を別にし，裏返しにして，机の上におきなさい。

問題用紙は持ち帰ってかまいません。

理　科　1

1　**４本の試験管A〜Dに，うすい塩酸，炭酸水，アンモニア水，石灰水のいずれかが入っています。A〜Dの水よう液で次のような実験を行い，その結果を表にまとめました。**

実験１　試験管を１本ずつ手に取り，それぞれの見た目やにおいを調べました。
実験２　青色と赤色のリトマス紙をそれぞれの水よう液につけ，色の変化を調べました。
実験３　試験管の水よう液を蒸発皿に少量とって加熱し，残ったもののようすを調べました。

表

試験管	A	B	C	D
実験１	あわが出ていた	つんとしたにおいがした	つんとしたにおいがした	水と変わらなかった
実験２	青色→赤色	赤色→青色	青色→赤色	赤色→青色
実験３	何も残らない	何も残らない	何も残らない	固体が残った

⑴　実験１より，Aにとけているものは何か答えなさい。

⑵　実験２より，Bは何性の水よう液か答えなさい。

⑶　C，Dの水よう液は何ですか，それぞれ答えなさい。

水よう液E〜Gがあり，これらはうすい塩酸，食塩水，水酸化ナトリウム水よう液のいずれかです。それぞれに鉄とアルミニウムを入れたとき，図１，図２のように，あわを出してとけたものがありました。

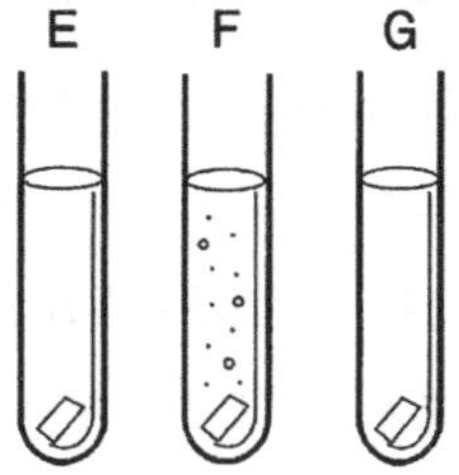

図１　鉄をとかした反応

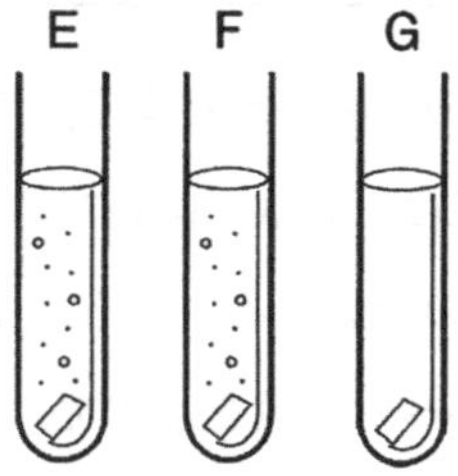

図２　アルミニウムをとかした反応

⑷　水よう液Gは，何性の水よう液か答えなさい。

⑸　水よう液E，水よう液Fは何ですか，それぞれ答えなさい。

⑹　全ての反応が終わってから，図１の水よう液ＦＧ，図２の水よう液ＦＧをそれぞれ蒸発皿に少量ずつ取り加熱し水分を蒸発させたとき，固体が残るのは４本中何本あるか答えなさい。

２　右図のような器具について，次の問いに答えなさい。

⑴　右図のような器具を何というか答えなさい。

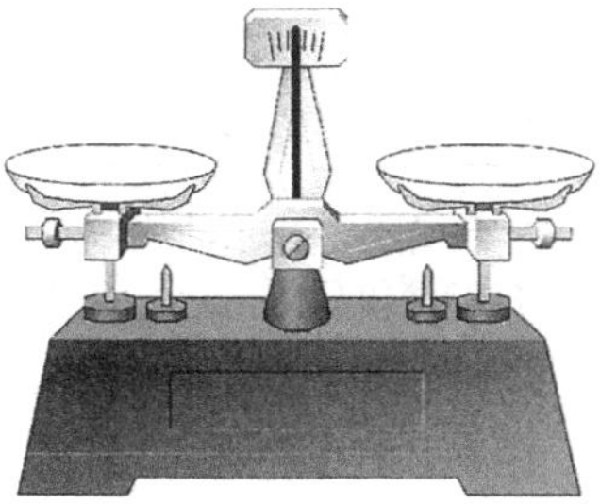

⑵　右図のような器具は，動いている針がどのようになっていることでつり合っていることを確かめることができるか答えなさい。

⑶　分銅は軽いもの，重いもののどちらから皿にのせるか答えなさい。

⑷　この器具であるものの重さをはかったところ，20ｇの分銅１つ，５ｇの分銅１つ，１ｇの分銅２つ，500mgの分銅１つ，200mgの分銅２つとつり合った。あるものの重さは何ｇか答えなさい。

実験

重さ20ｇのおもりと糸を使って，長さ40cmのふりこ**A**，**B**，50cmのふりこ**C**をつくりました。**A**と**C**はふれはばを10cm，**B**はふれはば20cmでふらせました。

⑸　ふりこ**A**～**C**の中で，ふりこが１往復する時間が最も長いものはどれか答えなさい。

⑹　ふりこ**A**のおもりの重さを40ｇに変えて同じようにふらせると，ふりこが１往復する時間はどうなるか。次の**ア**～**ウ**から選び，記号で答えなさい。

ア　短くなる　　**イ**　長くなる　　**ウ**　変わらない

⑺　ふりこ**C**のふれはばを20cmに変えて同じようにふらせると，ふりこが１往復する時間はどうなるか。次の**ア**～**ウ**から選び，記号で答えなさい。

ア　短くなる　　**イ**　長くなる　　**ウ**　変わらない

⑻　⑸～⑺のようになることから，ふりこが１往復する時間は何と関係していることがわかるか答えなさい。

理　科　3

3　植物に関する文章を読み，後の問いに答えなさい。

植物は，太陽からエネルギーを取りこんで，体の中にでんぷんをたくわえることができます。この様なはたらきは『光合成』とよばれます。ジャガイモは光合成によって，葉に栄養をためますが，いもの部分は特に大量のでんぷんをたくわえる性質をもっています。その為，いもの部分に（　ア　）をつけると，色が青むらさき色に変化します。また，サツマイモも同様に，大量のでんぷんをいもの部分にたくわえます。２つともいもをつくる植物ですが，いもの由来は異なり，ジャガイモはくきに，サツマイモは根に由来します。この様に，光合成で得たでんぷんは，様々な場所にたくわえられます。でんぷんは，とても複雑な形をした物体ですが，その主な材料は根から吸い込んだ水と，葉から吸い込んだ二酸化炭素です。葉からは（　イ　）というあなを通して，二酸化炭素や酸素の出入りが起こっています。また，水蒸気が出ることについては，（　ウ　）といいます。

問１．（　ア　），（　イ　），（　ウ　）に当てはまる言葉を答えなさい。

問２．下線部について，いも以外にたくさんのデンプンをたくわえる部分として，適当なものを次の①～④から一つ選び，記号で答えなさい。

① ジャガイモの葉　　② サツマイモのくき　　③ チューリップの花　　④ イネの種

問３．葉でつくられた栄養分の通り道は，『師管』とよばれます。また，根から吸い込んだ水などの通り道は『道管』とよばれます。どちらも，根，くき，葉でとぎれることなくつながっています。次の①～③の図はくきの断面を表しています。ホウセンカの『道管』を黒くぬりつぶしたものとして適当なものを一つ選びなさい。また，このような水や栄養分の通り道は，植物だけにみられるものではありません。ヒトの場合，水や栄養分，酸素を全身におくる通り道になっている管は何とよばれるか答えなさい。

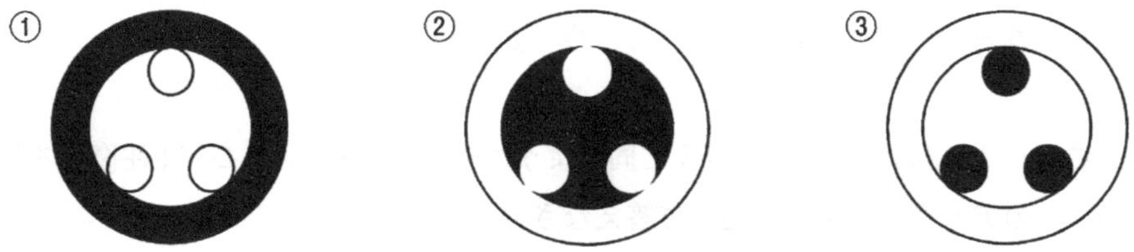

問４．育てているアサガオの葉にふくろをかぶせ密閉し，夏の晴れた日の朝庭に出し，太陽の光を当てました。朝の段階では元気だったアサガオが，水をあげるのを忘れていたため，完全にしおれた状態になっていました。葉にかぶせたふくろの内側のようすはどのようになっているでしょうか。変化が見られない場合には『×』を，変化が起きている場合には『〇』を記入し，そのように考えた理由も答えなさい。

（令和六年度）

国語解答用紙

（前期用）

合計
※100点満点（配点非公表）

学校名	小学校
受験番号	
氏名	

㊟ 合計欄《らん》・小計欄には何も記入しないで下さい。

小計

一

問一	a	
	b	
	c	
問二	A	
	B	
	C	
	D	
	E	
問三	どちらが先か説明できないということ。	
問四		
問五	ということ。	
問六	現代の子どもたちは	
七	20	

3

(1)	分後	(2)	分後	(3)	m

※ 小計

4

(1)	cm	(2)	cm^2	(3)	cm^2

※ 小計

5

種類

※ 小計

※ 合計

(4)		(5)	(6)
Ⅰ	Ⅱ		

(7)	
【人物名】	【政策名】
【政策の目的】	

(8)

(9)

小計	

3

(1)		
(A)	(B)	(C)
(2)		
❶	❷	❸
(3)		

(4)	(5)

小計	

3

問1			問2
ア	イ	ウ	

問3	
番号	管の名前

問4		問5(1)
○か×を記入	理由	

問5(2)

問5(3)	問5(4)

小計	

（令和６年度） 理　科　解　答　用　紙 （前　期　用）

学 校 名	小学校	受験番号		氏　名	

㊟　合計欄・小計欄《らん》は何も記入しないで下さい。

合計	※50点満点 （配点非公表）

1

(1)	(2)	(3)	
		C	D
(4)	(5)		(6)
	E	F	本

小計	

2

(1)	(2)		
(3)	(4)	(5)	(6)
	g		
(7)	(8)		

【解答用

（令和6年度） 社　会　解　答　用　紙（前期用）

学校名	小学校	受験番号		氏 名	

(※)合計欄《らん》は記入しないで下さい。

(※)解答は指定されたところ以外、漢字でもひらがなでもかまいません。

合計	※50点満点 （配点非公表）

1

(1)	(2)	(3)

(4)	(5)	(6)

(7)	
良い点	
問題点	

(8)	(9)

小計	

2

(1)	
(ア)	(ウ)

(2)	
【イ】	【オ】

【解答用

（令和６年度）算　数　解　答　用　紙（前　期　用）

学校名	小学校	受験番号		氏 名	

〔注意〕　答えを分数で書くときは，約分した形で書きなさい。

※　合計欄《らん》・小計欄には何も記入しないで下さい。

合計	※100点満点 （配点非公表）

1

(1)		(2)		(3)	
(4)		(5)		(6)	

※

小計	

2

(1)	個		(2)	通り		(3)	人
(4)	ア		イ			(5)	cm²

※

小計	

【解答

問八

①

②

③

④

小計

二

問一

A

B

問二

問三

問四

X

Y

問五

問六

小計

三

問一

①

②

③

④

⑤

⑥

問二

① らって

②

③

④ い

問三

①

②

③

④

⑤

問5．次の文章はるりさんが野菜を育てた時の観察日記です。次の文章を読み，下の問い(1)～(4)に答えなさい。

5月の晴れた日の夕方に，土を入れた小さめのポットにオクラ，キュウリ，ピーマン，ナス，トウモロコシ，オオバ，6種類の野菜の種を植え，同じ場所に置き，毎日水をあげました。すると，育て始めて4日目の朝にオクラの芽が土から顔を出しました。次の日にはトウモロコシが芽を出し，その後も続々と芽を出しました。面白かったのは，どの種類の植物もすべての種子がいっせいに芽を出したことです。例えば，トウモロコシは10個のポットに3粒ずつ種を入れたのですが，10個のポットから4日目の朝いっせいに芽が出てきました。

芽が出た後，雨が続いたので毎日のように水がたっぷりあげられたのですが，なぜか植物の成長は良くなく，なかなか大きくなりませんでした。また，季節の変わり目のためか，その期間は気温も安定せず，寒い日が続くこともありました。その後晴天に恵まれ気温が上がると，よく成長し始めました。そして，ある程度大きくなったタイミングでポットから，畑に植えかえました。

畑は事前にくわを使ってたがやしました。土がかたかったり，少しほると大きな石が出てきたり，大量の雑草をとりのぞいたり，畑づくりは大変でした。全体をたがやした後に，牛ふんと石灰をまぜこみました。牛ふんは土の中の微《び》生物のはたらきを活発にすることで，よい土をつくる効果があるそうです。また(I)天然石灰をまくと，酸性になった土を中性にかたむけることができるそうです。そして次に，周辺の土を集めて盛り上げ，うねをつくりました。うねは土を盛ってつくった山のようなもので，はばを1m，高さを20cmぐらいにしました。図1は，土で作ったうねを示しています。うねは育てる野菜によって，はばや高さを変えるそうです。さらに，うねに黒くて不とう明のビニールの様なシートをかぶせ，図2のようにしました。これには様々な効果があるそうです。植えかえは，ビニールの一部にあなを開けて行いました。穴を開けた所には太陽の光が当たりますが，それ以外のビニールに包まれている所は，光が当たらず真っ暗です。図3のように一定間かくを開けて，野菜を植えました。

図1

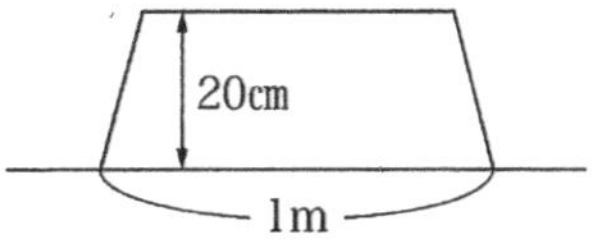

図2

図3

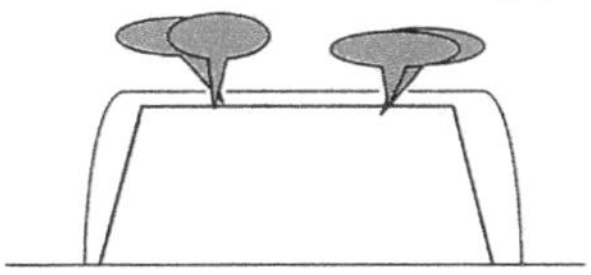

(II)野菜は他の周りに生える雑草よりも成長が早く，あっという間に大きくなりました。楽しみにしていたトウモロコシも，大きく成長したので，収かくをしてみたのですが，皮をむいておどろきました。葉のかげで実ったとうもろこしは，よく見る実の付き方ではなく，図4のように，ほとんど実はなく，ついていた実はボコボコしたようなカタチになっていました。でも味はおいしかったので良かったです。

図4

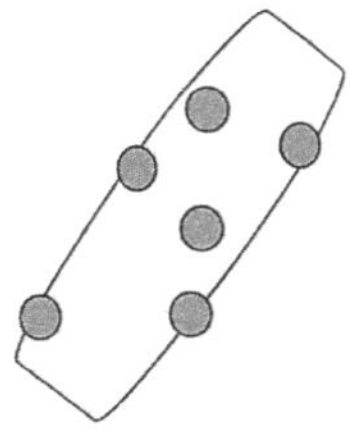

理 科 5

⑴ 発芽について，前ページの文章から読み取れることとして適当なものを，次の**ア～エ**から一つ選び，記号で答えなさい。

ア 植物ごとに，発芽に必要な条件は異なっている。

イ 植物によっては，発芽に光が必要なものがある。

ウ 雨がたくさん降ると，たくさんの植物が一気に発芽する。

エ 同じ種類の植物であれば，同じ条件を与えると，同じ日数で発芽する。

⑵ 下線部（Ⅰ）について，日本の土は昔から酸性になりやすいことが知られています。酸性の土では野菜が育ちにくいため，石灰を混ぜ込むなどして，土を中性に近づけます。一方で雨の降りにくい地域の土は，アルカリ性が強いことが知られています。日本の土はなぜ酸性なのか，次の言葉を使って説明しなさい。

（土の中に元からある石灰成分，二酸化炭素がとけ酸性になった雨）

⑶ 下線部（Ⅱ）について，野菜がうねの周りに生える雑草よりも大きく成長できた理由について考えられることとして，次の**ア～オ**から最も適当なものを一つ選び，記号で答えなさい。

ア うねの土だけに牛ふんが含まれたことで，微《び》生物が活発にはたらいたから。

イ うねの土だけが中性になったことで，野菜が育ちやすい環境が整ったため。

ウ ビニールをかぶせたことで，内部が高温になり，水が蒸発しやすくなったから。

エ ビニールをかぶせたことで，うねの部分では他の植物が育たなかったため。

オ 周りに生えていた雑草には，牛ふんや石灰の影響がなかったため。

⑷ トウモロコシの実が図4の様な状態になったのはなぜでしょうか。次の言葉を用いて説明しなさい。

（トウモロコシのひげ　花粉）

2024(R6) 宮崎第一中
K 教英出版

令和５年度

宮崎第一中学校　入学者選抜学力検査問題

（１月５日　第１時限　８時30分～９時20分）

国　語
（前　期）

（注　意）

１．「始め」の合図があるまで，このページ以外のところを見てはいけません。
２．問題用紙は，表紙を除いて10ページで，問題は３題です。
３．「始め」の合図があったら，まず解答用紙に小学校名，受験番号と氏名を記入し，次に問題用紙のページ数を調べて，欠けているページがあれば申し出なさい。
４．答えは，必ず解答用紙の答えの欄《らん》に記入しなさい。
５．印刷がはっきりしなくて読めないときは，だまって手をあげなさい。問題内容や答案作成上の質問は認めません。
６．「やめ」の合図があったら，すぐ鉛筆をおき，問題用紙と解答用紙を別にし，裏返しにして，机の上におきなさい。

問題用紙は持ち帰ってかまいません。

2023(R5) 宮崎第一中
K 教英出版

一　次の文章を読んで、あとの問いに答えなさい。（問題の都合上、一部改変した部分があります。）

あこがれといえば、私は小学校低学年くらいまで、将来《しょうらい》は仮面ライダーとか、レインボーマンとか、「ヒーロー」になれると信じていたような気がします。現実とテレビの世界をまったく[a]コンドウしてましたね。今思うと、ものすごーく恥《は》ずかしい。Ⓐ

さすがにもうちょっとだけ大きくなると、ヒーローものからは卒業しましたけれど、今度は、当時の小学生の多くがあこがれた「野球選手」です。しかも、それもなりたいとか、希望なんかではなくて、なるんだ！　って信じてましたから。

別に昔は良かったなんて、年寄りくさいことを言うつもりはないんですけど、少なくとも、①昔はもっとラクだったと思います。なんでラクだったのかっていうと、その仕事に就《つ》くには、実際どれくらいの実力が必要かというような、正確な情報がなかったからです。だから気楽になれるんだって「思い込《こ》む」こともできたんです。三十年くらい前には、将来の目標を聞かれて「日本一の○○になるんだ！」なんて人、結構、いましたよ。そんなこと、だいたい無理なんですけど、自分の力と必要な実力とを比べられる情報がないから、無理だってわからない。だから、とりあえず言ってみることは、できたんです。

今は違《ちが》います。アニメーションを見ても、それが現実のことだなんて、小さい子どもでも思っていないでしょう。野球選手になりたいなんて思っても、メジャーリーグで活躍《かつやく》しているイチローとか松井秀喜《まついひでき》を見ると、「無理だ」なんてことは、すぐにわかる。あの人たちは特別なんだって。だから情報がたくさんある社会は、かえって目標を持ちにくくさせるものなんです。

テレビやインターネットなどの情報を通じて、世界で起こっていることが、今は瞬時《しゅんじ》にわかるようになりました。それだけ昔に比べたら、いろいろ楽しみも増えたんだけど、わかればわかるほど、苦しいことだってあるんです。Ⓑ

情報が少ないときには、決めやすいんです。ラーメン屋さんに行って、メニューに醤油《しょうゆ》ラーメン、味噌《みそ》ラーメン、塩ラーメンしか書いてなければ、悩《なや》みようがないから、まあすぐ決まる。それが、タイ風トムヤムクンラーメンとか、ジェノバ風ラーメン（あるかそんなもの？）とか、ときにはわけのわからないものが、何百種類もメニューに並んでいると、迷いますよ。それで迷った挙句《あげく》、メニューに書いてある「店長のおすすめ！」なんていうのを、みんな選んだりするんです。

情報社会になったおかげで、十代や二十代の選択《せんたく》や価値観が多様化したなんて言う人がいますけど、私はそう思いません。むしろ情報があまりにも増えたせいで、みんなやりたいこと、選びたいことが見つけにくくなった。それに選んだとしても、あるいは選んだつもりになっていても、実際にはどこの誰《だれ》か、わからない人の「おすすめ」情報に流されて、みんなが同じようなことを言ったり、選んだりしている。むしろ、［X］よりも［Y］のほうが進んでいるようにさえ、感じます。

だから、やりたいことが見つからないのは、しょうがないんです。むしろ、簡単にやりたいことがあるっていうのには、逆に「［Z］」なんて思ったりします。あんまり最初から自分のやりたいことにこだわりすぎていると、かえって考え方やモノの見方が狭《せま》くなって、チャンスを逃《のが》したりすることだってある。Ⓒ

〈中略〉

高校生や大学生と将来の話をすると、みんな「やりたいことがない」って言います。私は、やりたいことや、やりたい仕事がある人はとても幸せだと思います。けれどもやりたいものがないからといって決して不幸だということはない。むしろ、自分の本当にやりたいことって何だろうって、悩みながらもあきらめずに探し続けている人のほうが、b ケッキョク、自分が本当にやりたいことに最終的には出会えたりするんです。

今の自分にやりたいことがなくても、全然、大丈夫《だいじょうぶ》なんです。

（玄田有史『14歳からの仕事道』）

国語　3

問一　━━a・bのカタカナを漢字に直しなさい。

問二　この文章には次の一文がぬけています。その文が入る場所として正しいものを本文中のⒶ～Ⓒから一つ選び、記号で答えなさい。

情報なんて、たくさんあればいいってものでもないんです。

問三　━━①「昔はもっとラクだった」とありますが、次の文は「ラク」であるとはどういうことかを説明したものです。（　　）の中の言葉の組み合わせとして正しいものを一つ選び、記号で答えなさい。

その職業に就くための正確な情報が（　①　）、将来の目標が（　②　）ということ。

ア　①少なく　②持ちやすい　　イ　①多く　②持ちやすい

ウ　①少なく　②持ちにくい　　エ　①多く　②持ちにくい

問四　［X］・［Y］について次の問いに答えなさい。

(1)　［X］に入る三字の言葉を本文からぬき出しなさい。

(2)　［Y］に入る言葉として正しいものを次から一つ選び、記号で答えなさい。

ア　画一化　　イ　効率化　　ウ　明確化　　エ　単純化

問五 　Z　 に入る言葉として正しいものを次から一つ選び、記号で答えなさい。

ア ええっ、信じられないなぁ　　イ うわあ、楽しみだなぁ

ウ ああっ、チャンスだぞぉ　　エ おおい、大丈夫かぁ

問六 次のそれぞれの文の内容が本文に合うものには○を、そうでないものには×を書きなさい。ただし、全てを○あるいは×にした解答は認めません。

① 筆者は子どものころ、自分は将来必ず野球選手になることができると思い込んでいた。

② できるだけ早いうちに、やりたいことややりたい仕事を見つけておくほうが幸せだ。

③ 何百種類ものメニューを見て悩み、「店長のおすすめ」を選ぶのは良くないことだ。

④ 情報社会になり、世界の出来事がすぐわかるようになって、楽しいことばかりが増えた。

問七 この文章を読んだ二人の中学生の次の会話を読んで、空らんに当てはまる言葉を三十五字以内で書きなさい。

Aさん よく親や先生が「早く将来の目標を決めた方がいいぞ」っていうよね。

Bさん そういえば、Cさんは医者になるって決めて毎日がんばって勉強してる。それに比べて私は、まだ何も決まってないから不安だな。

Aさん うん、確かに不安だよね。でも、この文章の筆者は、将来本当にやりたい仕事に就くためには［　　　　　　　　］姿勢が大事だって言ってるよ。

Bさん そうか、今やりたいことがなくても、あせる必要はないんだね。

二　次の文章を読んで、あとの問いに答えなさい。

木下広葉《きのしたひろは》（ぼく）は、小学五年生の終わりごろからマスクをしないと外に出られない。小学校を卒業した翌日に引っ越《こ》しをして潮《しお》風《かぜ》第一中学校に入学した広葉は、できるだけ目立たない役をやりたくて栽培《さいばい》委員会に入った。栽培委員会では、同じクラスの菊池《きくち》玲《れ》奈《な》、阪田寛大《さかたかんだい》や、先輩《せんぱい》たちとともに正門前の花壇《かだん》の世話を担当《たんとう》することになった。花壇のデザインなどを決める話し合いの後、希望者はホームセンターに花を買いに行くことになった。

「買い出し、行くよね？」

ぼくは「え……」と、言葉をつまらせた。

正直に言うと、帰りたい。

中学校生活は、あれもこれも慣れないことばかり。アンテナをたてて集中をきらさないようにして、もうへとへとだった。けど、ここで①足並《な》みを乱《みだ》すようなことをしたら、まずいよな。

ぼくは気が乗らないながらも、うなずいた。

「うん、行こうかな」

ところが、阪田はあっさり断った。

「おれは帰る」

菊池さんが口をとがらせた。

「えー、なんで？」

「全員参加じゃないんだから、いいだろ」

「そういうの、よくないよ。みんながやっているんだから、いっしょにやろうよ」

阪田は菊池さんから目をそらして、舌《した》打ちした。

「ったく、めんどくせえな。うすっぺらい正義感を押《お》しつけんなよ。そんなだから、※ハブられるんだろっ」

菊池さんがびくっと、肩《かた》をふるわせる。

「おまえ、選抜《せんばつ》メンバーに責められたうちの姉ちゃんをかばおうとして、上級生に※食ってかかったんだろ。それで上級生にハブられたうえ、上級生のチクリをA鵜呑《うの》みにしたコーチにも、なまいきなやつって※レッテル貼《は》られてさ。おまえは脳《のう》まで筋肉だから、勢いで行動して失敗するんだよ！」

ミニバスケットボールクラブで起きた、トラブルのことだろう。阪田はまくしたてるように言い放つと、技術室を出ていった。

阪田はぼくに言ったわけじゃない。わかっているけど、ざくっと胸に刺《さ》さった。クラスで不要とされた記憶《きおく》がよみがえり、鼓動《こどう》が速くなる。

菊池さんはうつむいて、こぶしをにぎりしめていた。あのころのぼくを見ているようで、直視できない。

わざわざ指摘《してき》すんなよ。わかってんだよ。だれのせいでもない、自分が悪いんだって。自分で勝手にからまわりして、孤立《こりつ》した。

②ぼくはマスクに触《ふ》れた。マスクに守られているのを、確かめたかった。

菊池さんが［ X ］声でつぶやいた。

「ごめん、わたしも帰る」

バタバタと技術室を出ていく。遠ざかる足音を聞きながら、ぼくは肩を落とした。

学校からホームセンターまでは、歩いて十八分ほどだった。

外の木製デッキに、黒いビニールポットに入った植物が並《なら》んでいる。植物を眺《なが》めてまわっていると、ピンクの小さな星が集まっているような花が目にとまった。

そばにあった札に「ペンタス」184円、置き場「日なた」、耐寒《たいかん》温度「5℃」、開花時期「5月～11月」、「多年草」と、記されている。

ほかの札にも、それぞれ名前と価格、置き場などの説明があった。

そうかと、札に見入る。

いまさらだけど、植物ってみんな同じ場所と季節で育つわけじゃないんだよな。日なたがいい植物もあれば、日陰《ひかげ》がいい植物もある。同じ四月に咲《さ》き始めても、夏前に終わるものがあれば、秋まで咲き続けるものもある。

ふと、ぼくたちに重なるように思えた。

どんな環境《かんきょう》でも順応《じゅんのう》できる人もいれば、ぼくみたいに、うまく順応できないやつもいる。きっと、菊池さんもそうだ。これまで菊池さんみたいに意見をはっきり言えるタイプは、どこでも自分の居場所をつくっていけるものだと思ってきた。けど、そうでもないようだ。

③育つ環境が合わなかったら、枯《か》れてしまうのかな……。

と、背後で［ Y ］声がした。

「あー、これもいいね。長く咲くし、安い！」

後ろにいたのは、川口《かわぐち》センパイだった。

「涼音《すずね》ー、これ、寄《よ》せ植えにいいんじゃない？」

呼《よ》ばれて、ほんわかせんぱいがやってきた。

「ペンタス。うん、いいね。白とピンクの両方を買って、ペチュニアと合わせようか」

ミッキー先輩もやってきて、「いいですね」と、うなずいた。

先輩たちは、ペチュニアのピンクと青紫《あおむらさき》の苗《なえ》、ペンタスのピンクと白の苗を、それぞれ四株《かぶ》ずつ十六株買った。

「木下さん、これ持ってくれる？」

ほんわかせんぱいに渡《わた》されたのは、二つのビニール袋《ぶくろ》。どちらも背の低いやわらかそうな葉の上に、アサガオを小ぶりにしたような花がいくつか見える。ぴらぴらしたペチュニアの花びらは頼《たよ》りなく、ちょっと触れただけで傷《きず》つきそうだ。

弱々しくても、がんばって咲いたんだな……。

ぼくは自分の体に花びらがあたってつぶれないよう、両腕《りょううで》を広げて袋を持った。変に力を入れたせいで、歩き始めてすぐ腕と肩が痛《いた》くなる。

ぼくは信号で立ちどまるたびに袋をのぞいて、花びらの無事を確かめた。

「木下くん、ずいぶん慎重《しんちょう》だねえ」
川口センパイに言われて、見られていたんだと、少しはずかしくなった。
「あ、えと、花がつぶれたら、まずいかと思って」
言い訳するようにもごもご答えると、川口センパイが笑った。
「そんなに気を遣《つか》うことないって。平気だよ」
「はあ」
ぼくは^B^相づちを打ったものの、④腕の力をゆるめることができなかった。

（ささきあり『天地ダイアリー』）

[注]　※ハブられる……仲間はずれにされる　※食ってかかった……反抗《はんこう》した　※レッテル貼られて……周りから決めつけられて

問一　═══A・Bの意味として最も適切なものを次から選び、それぞれ記号で答えなさい。

A　鵜呑みにした
- ア　よく確認せず信じ込《こ》んだ
- イ　作り話として受け止めた
- ウ　不審《ふしん》に思いながらも納得《なっとく》した
- エ　まったくのうそだと見ぬいた

B　相づちを打った
- ア　相手の呼びかけに対して元気よく返答した
- イ　相手の話に調子を合わせて受け答えした
- ウ　相手の意見に対してやんわり反論《はんろん》した
- エ　相手の言っていることに深く感動した

問二 [X]・[Y] に当てはまる言葉として最も適切なものを次から選び、それぞれ記号で答えなさい。

ア 怒鳴《どな》るような　**イ** すき通った　**ウ** はずんだ　**エ** からりとした　**オ** 消えそうな

問三 ――①「足並みを乱すようなこと」とは、ここではどんなことですか。二十字以内で具体的に答えなさい。

問四 ――②「ぼくはマスクに触れた。」とありますが、この小説には「**すっと背筋が冷える。どうしよう。おこらせてしまった。ぼくはうつむいて、マスクを触《さわ》った。**」「**『育たなかったら、ぼくたちのせいだ』とか思っていたくせに、植物について知ろうとしなかった。相手を知らなければ、健康に育てることなんてできないのに――。ぼくはマスクに手をやった。**」のように、「ぼく」がマスクに触れる場面がくり返し出てきます。これらをふまえて、「ぼく」にとってのマスクにはどんな役割があると考えられますか。十五字程度で答えなさい。

問五 ――③「育つ環境が合わなかったら、枯れてしまう」とありますが、「ぼく」の「環境が合わなかった」経験を具体的に表している部分を、解答らんに合うように本文から十字でぬき出しなさい。

問六 ――④「腕の力をゆるめることができなかった。」とありますが、その理由として最も適切なものを次から選び、記号で答えなさい。

ア ひそかに思いを寄せている「ほんわかせんぱい」にいいところを見せたくて、重くても投げ出さずにやりぬこうと思ったから。

イ ちょっと触れただけで傷つきそうな頼りないペチュニアの花を、優しく丁寧《ていねい》にあつかうことで応援《おうえん》したいと強く思ったから。

ウ 花がつぶれないよう慎重にあつかっていることを先輩に指摘されたはずかしさを、まわりの人に見ぬかれたくなかったから。

エ 弱々しくてもがんばって咲いたペチュニアが、新しい環境に必死で慣れようとしている自分と重なり、守りたいと思ったから。

三　次の各問いに答えなさい。

問一　次の――部のカタカナを漢字に直しなさい。

① ジッタイ調査を行う。　② 屋根がハソンする。　③ ジョウギとコンパス。　④ 弟子《でし》に技術をデンジュする。

⑤ 失敗をコやしにする。　⑥ 客をマネく。　⑦ 車をユソウする。　⑧ 箱根駅伝のオウロを走る。

問二　次の空らんにそれぞれ同じ漢字を入れて、四字熟語を完成させなさい。ただし解答用紙には、□にあてはまる漢字一字を書くこと。

① □飲□食　② □立□歩　③ □朝□夕　④ □由□在

問三　次の（　　）にあてはまる漢字を語群Aから選んで書き、意味を語群Bから選び記号で答えなさい。

① （　）にも薬にもならない
② （　）に引かれて善光寺《ぜんこうじ》参り
③ 太鼓《たいこ》（　）を押す
④ 布（　）を打つ

〈語群A〉

縄　番　判　毒
石　牛　水　手

〈語群B〉

ア　将来のためにあらかじめ用意しておく。
イ　害にならないが役にも立たない。
ウ　人の誘《さそ》いなどで思いがけず良い方向に導かれること。
エ　絶対に良いものであると保証する。

問四　次の□に、打ち消しの意味を付け加える漢字〈非・不・無・未〉のどの字が入るか、解答らんに合わせて①～⑧を分類し、番号を書きなさい。

① □自覚　② □満足　③ □関心　④ □合法　⑤ □成年　⑥ □常識　⑦ □親切　⑧ □確認

令 和 5 年 度

宮崎第一中学校　入学者選抜学力検査問題

（1月5日　第2時限　9時30分～10時20分）

算　　数

（前　　期）

（注　　　意）

1．「始め」の合図があるまで，このページ以外のところを見てはいけません。

2．問題用紙は，表紙を除いて５ページで，問題は５題です。

3．「始め」の合図があったら，まず解答用紙に小学校名，受験番号と氏名を記入し，次に問題用紙のページ数を調べて，欠けているページがあれば申し出なさい。

4．答えは，必ず解答用紙の答えの欄《らん》に記入しなさい。

5．印刷がはっきりしなくて読めないときは，だまって手をあげなさい。問題内容や答案作成上の質問は認めません。

6．「やめ」の合図があったら，すぐ鉛筆をおき，問題用紙と解答用紙を別にし，裏返しにして，机の上におきなさい。

問題用紙は持ち帰ってかまいません。

算　数　1

1　次の計算をしなさい。

(1)　$9+99+999+9999$

(2)　$123+4\times5-6\times7$

(3)　$12\div0.3+\left(\frac{7}{4}-0.5\right)\times40$

(4)　$\frac{1}{2\times3}+\frac{1}{3\times4}+\frac{1}{4\times5}+\frac{1}{5\times6}$

(5)　$1.23\times30+12.3\times4-123\times0.6$

(6)　$1\frac{4}{11}\times4\frac{2}{5}-\left(4.5-2\frac{1}{2}\right)$

2 次の各問いに答えなさい。

(1) 30人のクラスで，国語と算数が好きかどうかを調べたところ，国語が好きな人は16人，算数が好きな人は21人，国語も算数も好きでない人は４人でした。国語と算数の両方が好きな人は何人ですか。

(2) 1，2，2，3 と書かれた４枚のカードがあります。この中から３枚を選んで並べ，３けたの整数を作ります。このとき，３けたの偶数は全部で何通りできますか。

(3) 憲次郎さんのお母さんがデパートで買ってきた洋服は6720円でした。お母さんの話では，定価の２割引きで買えたそうです。この洋服の定価はいくらですか。ただし，消費税は考えないものとします。

(4) 光一さんのクラスには，男子と女子が合わせて34人います。また，女子の人数は男子の人数より４人多いです。女子の人数は何人ですか。

(5) ４月21日は木曜日です。では，この年の10月31日は何曜日ですか。

算　数　3

3　次のように数が並んでいるとき，以下の問いに答えなさい。

1段目	1
2段目	2　3
3段目	6　5　4
4段目	7　8　9　10
5段目	15　14　13　12　11
⋮	⋮

(1)　7段目の中央にある数を答えなさい。

(2)　40は何段目の左から何番目の数になりますか。

(3)　21段目の左端《はし》にある数を答えなさい。

(4)　21段目に並ぶ数をすべて足すといくらになりますか。

4 下の図で，１番目，２番目，３番目，…のように，１辺の長さが10㎝の正方形の紙を１㎝ずつ重ねて貼りあわせて，１つの大きな正方形を作る。
次の問いに答えなさい。

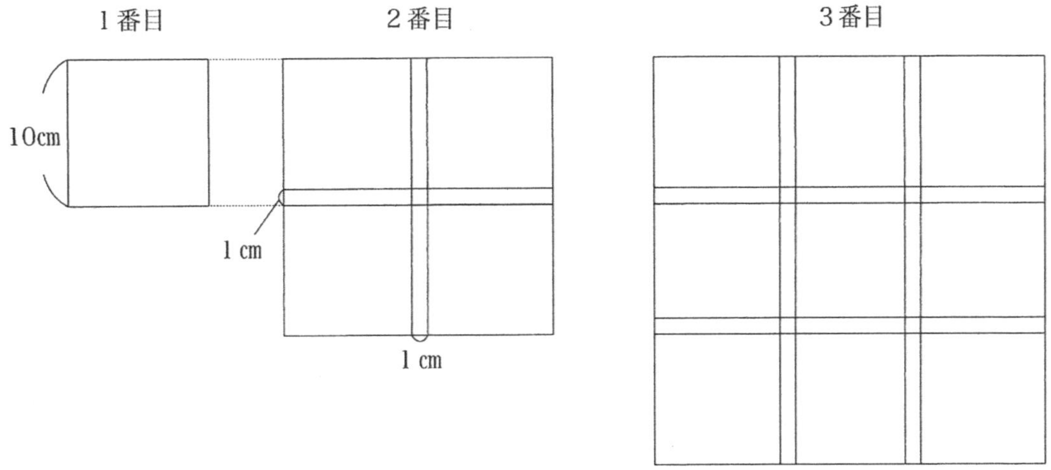

(1) ２番目の正方形の面積を答えなさい。

(2) ７番目の正方形の１辺の長さを答えなさい。

(3) 紙が80枚あるとき，作ることができる最大の正方形は何番目の正方形か答えなさい。

(4) 面積が10000㎠より大きな正方形を作るには，紙が最低何枚必要か答えなさい。

算　数　5

5　形も大きさも同じコインが８枚あります。コインに①から⑧の番号をつけて天びんにかけて重さを調べたところ，図１～３のようになりました。以下の条件を満たすとき，重い２枚のコインの番号を答えなさい。また，その答えにたどり着くまでの過程を説明しなさい。

条件
Ⓐ　８枚のうち，２枚が他の６枚に比べて重く，残りの６枚は同じ重さです。
Ⓑ　他と比べて重い２枚のコインは同じ重さです。

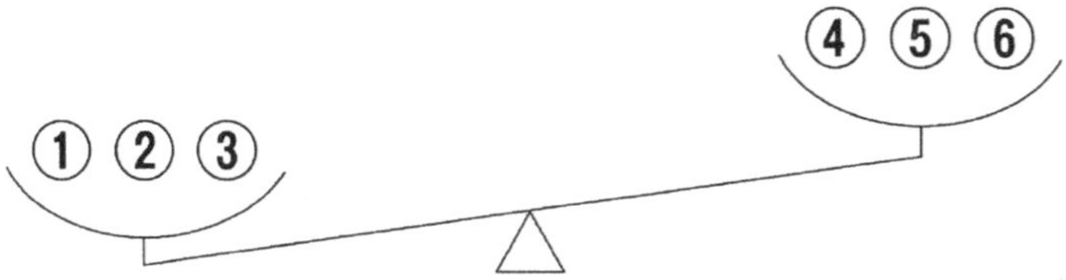

図１

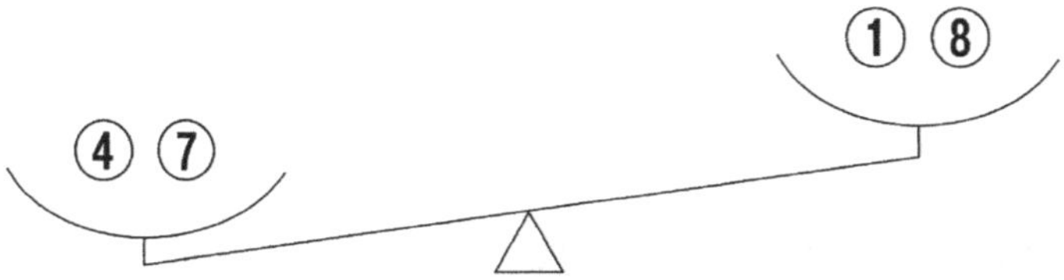

図２

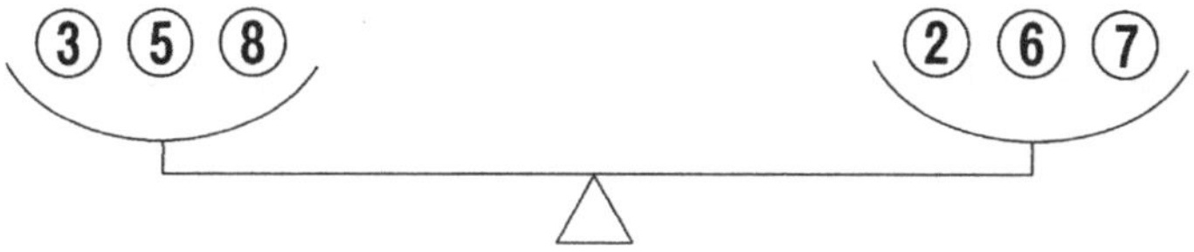

図３

令 和 5 年 度

宮崎第一中学校　入学者選抜学力検査問題

（1月5日　第3時限　10時30分～11時00分）

社　　会

（前　　期）

（注　　意）

1．「始め」の合図があるまで，このページ以外のところを見てはいけません。

2．問題用紙は，表紙を除いて8ページで，問題は3題です。

3．「始め」の合図があったら，まず解答用紙に小学校名，受験番号と氏名を記入し，次に問題用紙のページ数を調べて，欠けているページがあれば申し出なさい。

4．答えは，必ず解答用紙の答えの欄《らん》に記入しなさい。

5．印刷がはっきりしなくて読めないときは，しずかに手をあげなさい。問題内容や答案作成上の質問は認めません。

6．「やめ」の合図があったら，すぐに鉛筆をおき，問題用紙と解答用紙を別にし，裏返しにして，机の上におきなさい。

問題用紙は持ち帰ってかまいません。

社　会　1

1　右下の年表を見て，下の各問いに答えなさい。

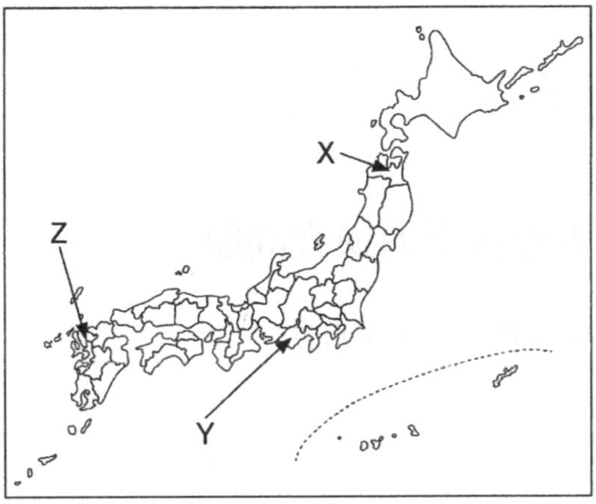

時　代	で　き　ご　と	
縄　文	狩りや採集の生活が行われる。	A
	縄文土器が使われる。	A
弥　生	稲作が広まる	A
	豪族が成長し大きなくにをもつ大王があらわれる。	A
古　墳	ⓐ古墳がさかんにつくられる。	
飛　鳥	ⓑ聖徳太子が摂政となる。	
奈　良	ⓒ唐の長安をモデルにした都が造営される。	
平　安	ⓓ国風文化が栄える。	
鎌　倉	ⓔ鎌倉幕府が成立する。	
室　町	ⓕ明との正式な貿易を行う。	
	ⓖキリスト教が伝わる。	
安土桃山	ⓗ豊臣秀吉が天下を統一する。	B
江　戸	江戸幕府が成立する。	B
	ⓘ鎖国の体制が固まる。	B
	元禄文化が栄える。	B
	日米修好通商条件を結ぶ。	

（1）年表中のAの時期につくられた遺跡について，上の地図中のX～Zに位置する遺跡の組み合わせとして正しいものを下のア～カから1つ選び，記号で答えなさい。

	X	Y	Z
ア	登呂遺跡	三内丸山遺跡	吉野ケ里遺跡
イ	登呂遺跡	吉野ケ里遺跡	三内丸山遺跡
ウ	三内丸山遺跡	吉野ケ里遺跡	登呂遺跡
エ	三内丸山遺跡	登呂遺跡	吉野ケ里遺跡
オ	吉野ケ里遺跡	三内丸山遺跡	登呂遺跡
カ	吉野ケ里遺跡	登呂遺跡	三内丸山遺跡

資料Ⅰ

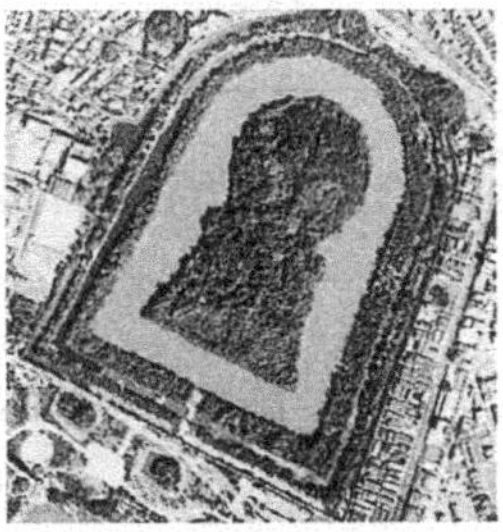

（2）下線部ⓐのころ，資料Ⅰのような古墳が大和地方（奈良盆地）を中心につくられ，各地に広まっていった。資料Ⅰの古墳は大阪府堺市にある古墳である。この古墳の形状と埋葬されている人物の組み合わせとして正しいものを下のア～エから1つ選び，記号で答えなさい。

ア　前方後円墳―ワカタケル大王　　イ　前方後円墳―仁徳天皇
ウ　前方後方墳―ワカタケル大王　　エ　前方後方墳―仁徳天皇

（3）下線部ⓑの人物が定めた十七条の憲法の内容として，最も正しいものを下のア～エから1つ選び，記号で答えなさい。

ア　家柄にとらわれず功績や能力によって役人に位を与えるというしくみ。
イ　刑罰や政治についての決まりごと。
ウ　役人が守るべき心得。
エ　当時の民衆が守るべき決まりごと。

（4）下線部ⓒについて，この都は何という都か，答えなさい。

（5）下線部ⓓの代表作で，紫式部が書いた，世界最古とされる長編小説を何というか，答えなさい。

（6）下線部ⓔについて，次の資料Ⅱを読み，下の各問いに答えなさい。

資料Ⅱ

源氏の将軍が絶えたあとの1221年，朝廷は，幕府をたおすため兵を集めました。このとき頼朝の妻はおもな御家人を集めて次のように言いました。

「みな心を一つにして私のいうことを聞きなさい。これが最後の言葉です。頼朝様が平氏をたおして鎌倉に幕府を開いてからの御恩は，山よりも高く，海よりも深いものです。お前たちも感謝の気持ちが浅くないでしょう。名誉を大切にする者は，早く敵を討ち取り，源氏３代の将軍がきずきあげたものを守りなさい。」

① **資料Ⅱ**に関連する1221年に起こった戦いは何か，答えなさい。
② **資料Ⅱ**の演説をした頼朝の妻は誰か，答えなさい。
③ **資料Ⅱ**の演説の内容は，御家人たちに何を伝えたかったのか。「頼朝」，「御恩」の語句を用いて簡潔に答えなさい。

（7）下線部ⓔの時代のできごとについて，元寇の後に御家人たちが幕府に対して不満をもったのはなぜか。**資料Ⅲ**，**Ⅳ**を参考にして答えなさい。

資料Ⅲ

２度にわたる元軍の襲来を受けた。御家人の活躍に加えて暴風雨もあり，これを退けた。

資料Ⅳ　将軍と御家人の関係

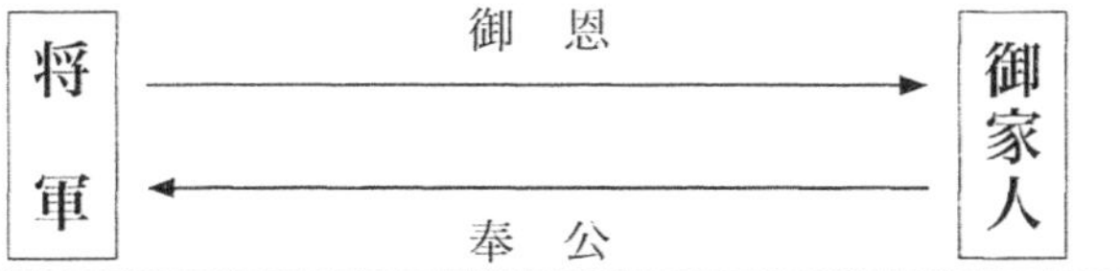

（8）下線部ⓕの貿易を行っていたこの時代の日本の様子として正しいものを下の**ア**～**エ**から１つ選び，記号で答えなさい。

ア　商業の中心地である大坂に蔵屋敷が設けられ，年貢米や特産物が運び込まれた。
イ　東海道や中山道などの五街道や西回り航路などの交通網《もう》が整備され，全国にわたる商品の取引が行われた。
ウ　幕府は莫大な利益をえることができ，さらに権力を高めることができた。また，堺などに自治都市が生まれた。
エ　農村から働き手を集め，綿織物などを分業で仕上げる工場のしくみが始まった。

社　会　3

(9) 下線部ⓖを日本に伝えた**資料Ⅴ**の人物やその時代の様子についてまとめられた文章の（　ア　），（　イ　）に適する国名をそれぞれ答えなさい。

資料Ⅴ

資料Ⅴの人物について

1549年，（　ア　）の宣教師が九州の鹿児島に来て，キリスト教を伝えました。その後（　ア　）や（　イ　）の商人も来るようになり，ヨーロッパの文化が日本に広まりました。

また，織田信長がキリスト教を保護したことから安土にはキリスト教の教会や学校が建てられました。

(10) 下線部ⓗについての説明として，下の**ア**～**ク**から正しいものを３つ選び，記号で答えなさい。

ア　豊臣秀吉を助ける役職として，大老・老中を設置した。
イ　文禄の役・慶長の役の２回にわたって朝鮮を攻撃した。
ウ　全国の農民や土地を支配し，年貢を確実に徴収するために太閤検地を実施した。
エ　各地の武士を支配して国内の統一を実現した後，反乱を防止するために参勤交代を定めた。
オ　仏教勢力との対立を深めた結果，延暦寺を焼き打ちした。
カ　刀狩令を発して農民から武器を取上げるとともに農民の反乱防止のために五人組の制度を定めた。
キ　寺社の勢力をうばうことなどをねらって，キリスト教を保護した。
ク　身分統制令を定めるなど，武士と農民の身分をはっきり区別する兵農分離を行った。

(11) 年表中の**B**の時期におこったできごととして当てはまるものを，下の**ア**～**オ**から３つ選び，年代の古い順に並べなさい。

ア　ポルトガル船の来航を禁止し，オランダ船，中国船に限って長崎での貿易を行った。
イ　徳川綱吉が生類憐みの令を出す。
ウ　ポルトガル人を乗せた中国船が種子島に漂着し，鉄砲が伝えられた。
エ　朱印船貿易により日本人の海外への進出が進み，東南アジアの各地に日本人町ができた。
オ　長州藩は下関海峡を通る外国船を砲撃したが，翌年攻撃を受け，下関砲台を占領された。

(12) 下線部ⓘについて，下の**資料Ⅵ**は鎖国中の日本とその周辺諸国や地域との結びつきを示している。**資料Ⅵ**の**ア**～**エ**の中で，琉球にあてはまるものはどれか，記号で選び，答えなさい。

資料Ⅵ

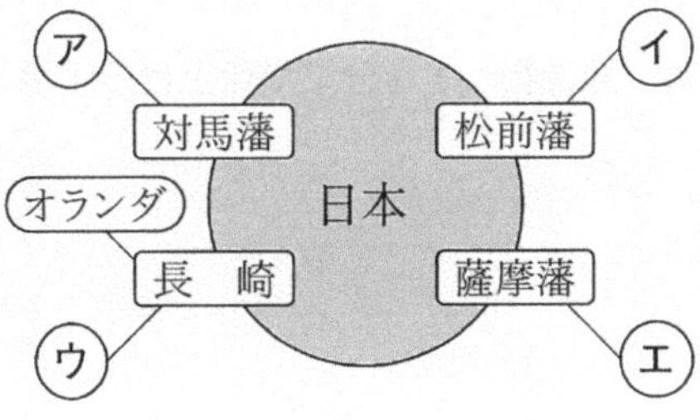

2　次の日本地図を見て，下の各問いに答えなさい。

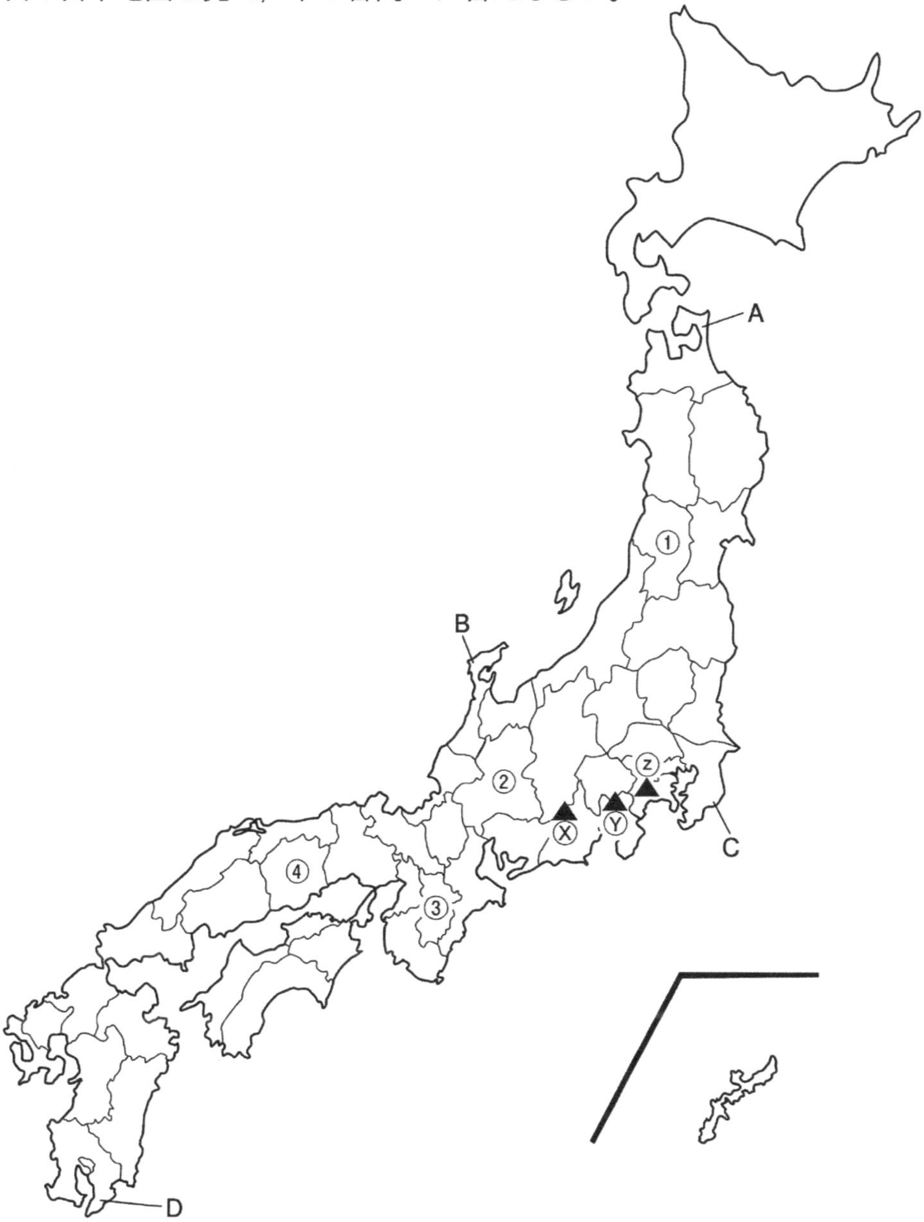

（1）次のア～エの内容に当てはまる県を，地図中の①～④からそれぞれ選び，数字で答えなさい。

ア　日本最古の木造建築物である法隆寺や東大寺の大仏など，古都の面影を残している。
イ　水島に石油化学コンビナートがあり，倉敷《くらしき》美《び》観《かん》地《ち》区《く》は伝統的な建築物が残されている。
ウ　サクランボの佐藤錦《さとうにしき》の生産で有名であり，天童市《てんどうし》は将棋の駒《こま》の生産地である。
エ　合掌造りで有名な白川郷があり，飛騨高山は観光地として知られている。

社 会 5

（2）富士山の位置として正しいものを地図中のⓍ，Ⓨ，Ⓩから選び，記号で答えなさい。

（3）地図中のA～Dの半島名を次のア～エからそれぞれ選び，記号で答えなさい。

ア　房総《ぼうそう》半島　　イ　能登《のと》半島　　ウ　下北《しもきた》半島　　エ　大隅《おおすみ》半島

（4）次のア～カの県のうち，新幹線が通っていない県を3つ選び，記号で答えなさい。

ア　秋田県　　イ　富山県　　ウ　三重県　　エ　山口県　　オ　島根県　　カ　大分県

（5）次の①，②，③の統計は日本のミカン，リンゴ，茶の府県別の生産額（2020年）を表している。①，②，③とミカン，リンゴ，茶の正しい組み合わせをア～カから選び，記号で答えなさい。
（出典：二宮書店 2022 データブック・オブザワールド）

①

府県名	生産量 (t)
鹿児島	118,400
静　岡	112,600
三　重	24,000
宮　崎	14,600
京　都	11,200

②

府県名	生産量 (t)
青　森	410,000
長　野	128,000
岩　手	46,000
山　形	41,000
秋　田	23,000

③

府県名	生産量 (t)
和歌山	157,000
愛　媛	125,000
静　岡	86,000
熊　本	81,000
佐　賀	54,000

	ア	イ	ウ	エ	オ	カ
ミカン	①	①	②	②	③	③
リンゴ	②	③	①	③	①	②
茶	③	②	③	①	②	①

（6）次の地形図を見て，下の各問いに答えなさい。

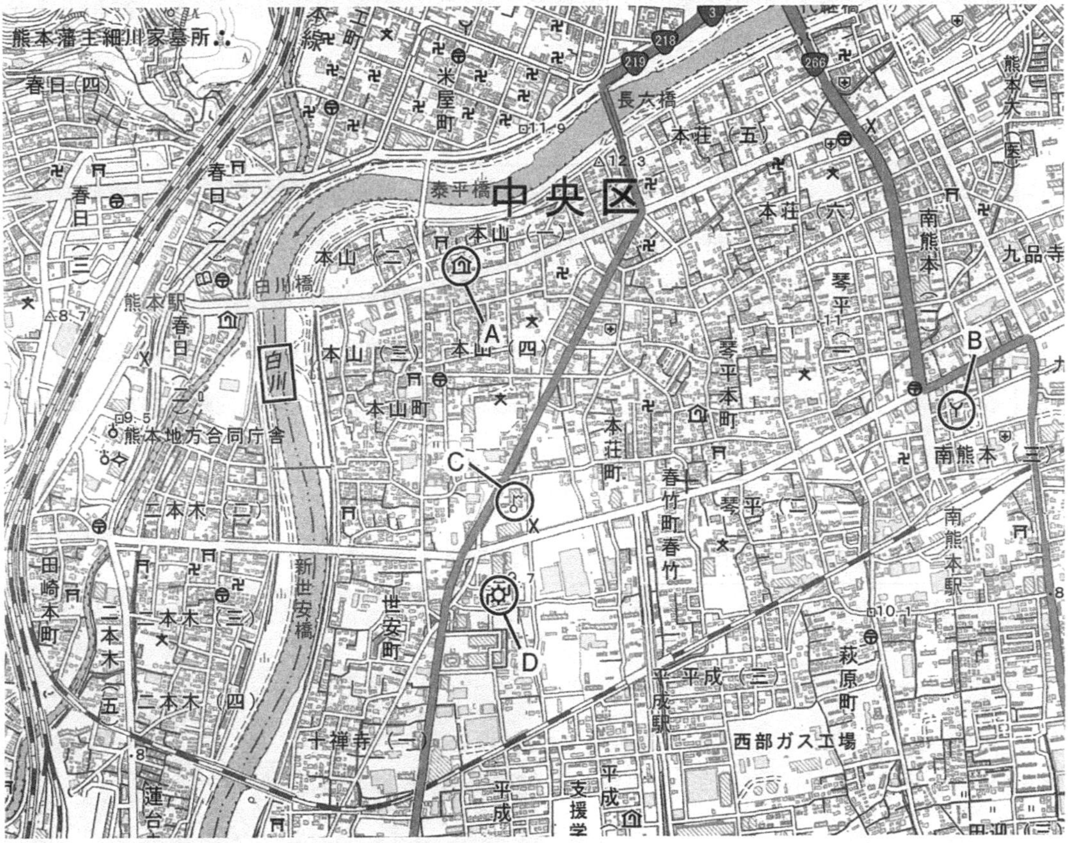

〈この地図は，国土地理院発行の地形図「熊本市中央区」を使用したものである。〉

① 地形図中のA～Dの地図記号の意味を答えなさい。

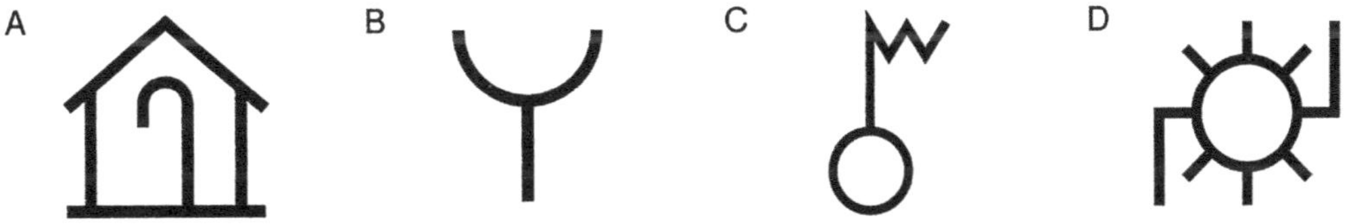

② 地形図中の白川は，北から南に流れているのか，南から北に流れているのかを答え，なぜそれがわかるのかを説明しなさい。

3　サユリさんは社会科の課題として，「日本国憲法と平和」についての調べ学習を行いました。次の資料Ⅰ～Ⅳはサユリさんが集めた資料です。資料をもとに，下の各問いに答えなさい。

資料Ⅰ　日本国憲法の３つの原理

1945年８月，日本が（　ア　）宣言を受諾し，第二次世界大戦が終わった。戦後の日本では，連合国軍最高司令官総司令部（ＧＨＱ）の下で，さまざまな改革《かいかく》が行われた。その基盤《きばん》となったのが，新しい憲法である⒜日本国憲法の制定である。

この憲法は，（　イ　），（　ウ　）の尊重，⒝平和主義の３つを基本原理としている。また，天皇の地位は日本国と日本国民統合の（　エ　）とされ，内閣の助言と承認に基づいて（　オ　）のみを行うと定められた。

資料Ⅱ　日本国憲法第９条の一部

陸海空軍その他の戦力は，これを保持しない。

資料Ⅲ　日本にある米軍基地

資料Ⅳ　国際連合の本部前にあるモニュメント

（1）**資料**Ⅰの（　ア　）～（　オ　）にあてはまる語句を答えなさい。

（2）**資料**Ⅰの下線部ⓐに関して，日本国憲法で定められている三大義務のうち「子どもに教育を受けさせる義務」・「働く義務」以外の義務を答えなさい。

（3）**資料**Ⅰの下線部ⓑに関して，**資料**Ⅱの「日本国憲法第９条」に書かれているように，現在の日本では，陸海空軍を持つことは禁止されている。しかし，政府は「国を防衛するための組織は憲法違反にはあたらない」という立場をとっている。1954年に設立された日本国を防衛するための組織の名前を答えなさい。

（4）**資料**Ⅲは，日本にある在日米軍基地の写真である。ここは戦後，日本が独立した後も1972年までアメリカの占領下に置かれ，日本に復帰した現在でも在日米軍基地の70％以上が集中している。この都道府県名を答えなさい。

（5）**資料**Ⅳは，国際連合の本部の前にあるモニュメントである。このモニュメントは，何をうったえる目的で設置されたものか。解答欄《らん》の形に合うように答えなさい。

令 和 5 年 度

宮崎第一中学校　入学者選抜学力検査問題

（1月5日　第4時限　11時10分～11時40分）

理　　　科

（前　　期）

（注　　　意）

1．「始め」の合図があるまで，このページ以外のところを見てはいけません。

2．問題用紙は，表紙を除いて9ページで，問題は3題です。

3．「始め」の合図があったら，まず解答用紙に小学校名，受験番号と氏名を記入し，次に問題用紙のページ数を調べて，欠けているページがあれば申し出なさい。

4．答えは，必ず解答用紙の答えの欄《らん》に記入しなさい。

5．印刷がはっきりしなくて読めないときは，しずかに手をあげなさい。問題内容や答案作成上の質問は認めません。

6．「やめ」の合図があったら，すぐに鉛筆をおき，問題用紙と解答用紙を別にし，裏返しにして，机の上におきなさい。

問題用紙は持ち帰ってかまいません。

理　科　1

1　**電子てんびんを使って様々な条件でものの重さを測定しました。以下の問いに答えなさい。**

(1)　以下の（ア）～（エ）の中から，左と右で重さが同じものをすべて選びなさい。

（ア）コップとねん土を別々にしたものとコップの中にねん土を入れたもの。

（イ）同じ体積のねん土を広げたものと丸めたもの。

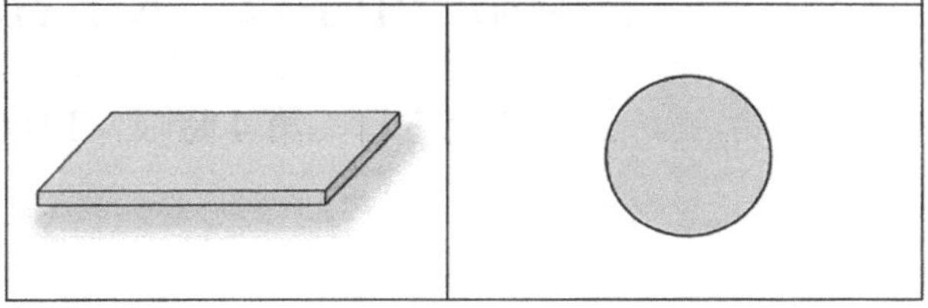

（ウ）ブロック1つの重さはおなじ。
ブロックを3つつみあげたものとブロックを2つバラバラにおいたもの。

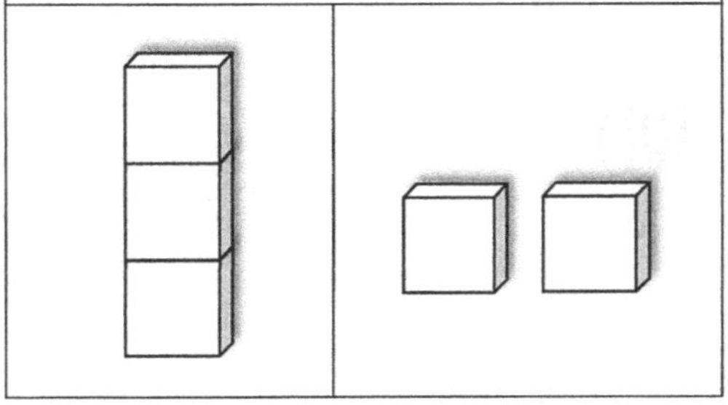

（エ）どちらも５ｇの鉄製の球と綿。

(2)　電子てんびんでプラス極を上向きにした磁石①の重さを測定したところ，15.0ｇでした。この状態で磁石②のプラス極を近づけて重さを測りました。このとき，電子てんびんの値は15.0ｇと比べてどうなるか。**「大きくなる」「小さくなる」「同じ」**のいずれかの言葉で答えなさい。ただし，磁石②は磁石①とだけ引き合ったり，しりぞけ合ったりするとします。

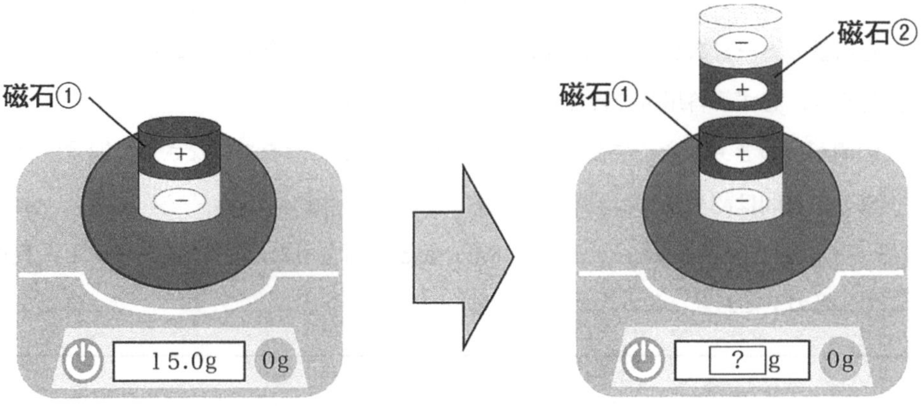

理　科　2

⑶　同じ体積の鉄球と木片を用意しそれぞれの重さを測ったところ，鉄球は50.0ｇ，木片は5.0ｇでした（**図１**）。次に，ビーカーに水を入れ電子てんびんの上に置いて電子てんびんの目盛りを0.0ｇになるように調整しました（**図２**）。この水の入ったビーカーに先ほど重さを測った鉄球と木片をそれぞれ静かに入れたところ，鉄球はしずみ，木片はうきました（**図３**）。このとき，電子てんびんの値はそれぞれはじめに測った値（鉄球50.0ｇ，木片5.0ｇ）と比べてどうなるか。**「大きくなる」「小さくなる」「同じ」**のいずれかの言葉で答えなさい。

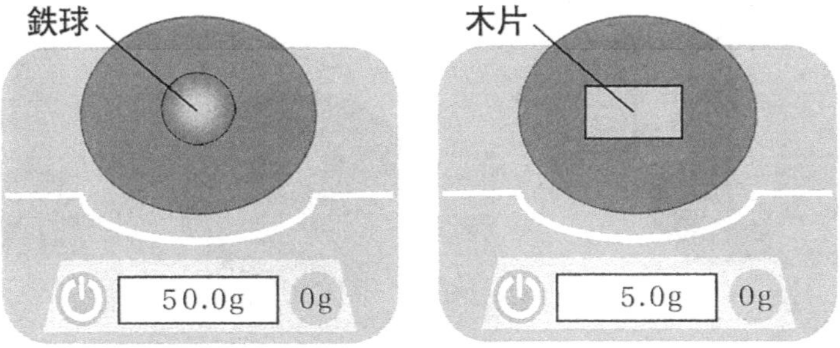

図１

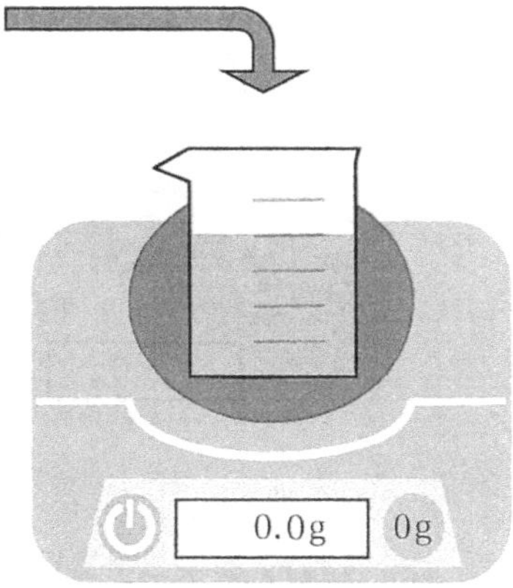

図２

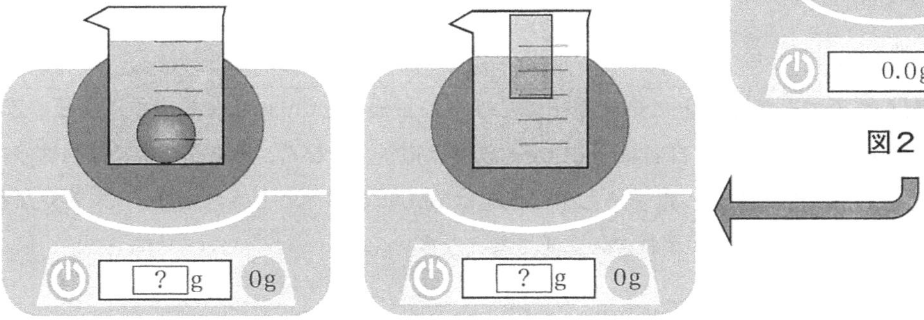

図３

⑷　次に下図のような装置を作成し，50.0ｇの鉄球を用意しました。次の問いに答えなさい。

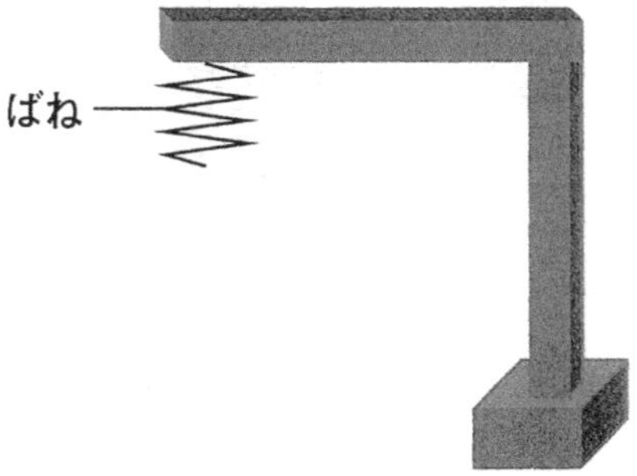

作成した装置

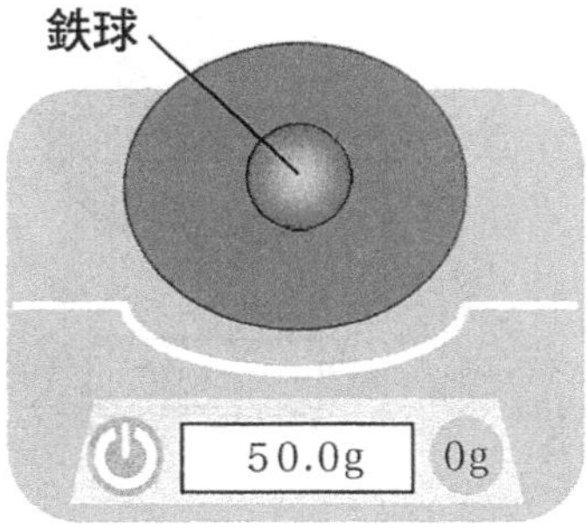

理　科　3

(a)　はじめに電子てんびんの値を0.0ｇにして，装置を電子てんびんにのせずにおもりをばねにつるしたとき，ばねはのび，鉄球が電子てんびんに乗って静止しました。このとき，電子てんびんの値は50.0ｇと比べてどうなるか。**「大きくなる」「小さくなる」「同じ」**のいずれかの言葉で答えなさい。

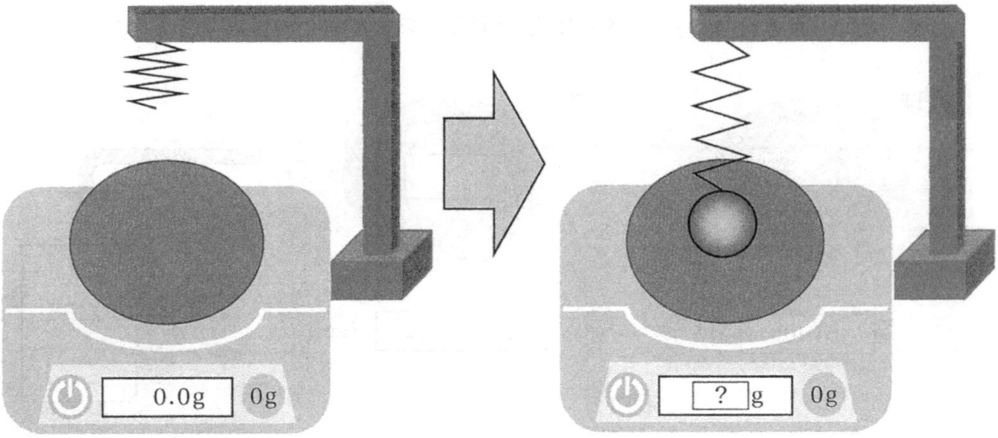

(b)　装置を電子てんびんの上に乗せ電子てんびんの目盛りを0.0ｇになるように調整しました。その後，鉄球を静かにばねにつるすと，鉄球は電子てんびん，床にふれずにばねはのび，静止しました。このとき，電子てんびんの値は50.0ｇと比べてどうなるか。**「大きくなる」「小さくなる」「同じ」**のいずれかの言葉で答えなさい。

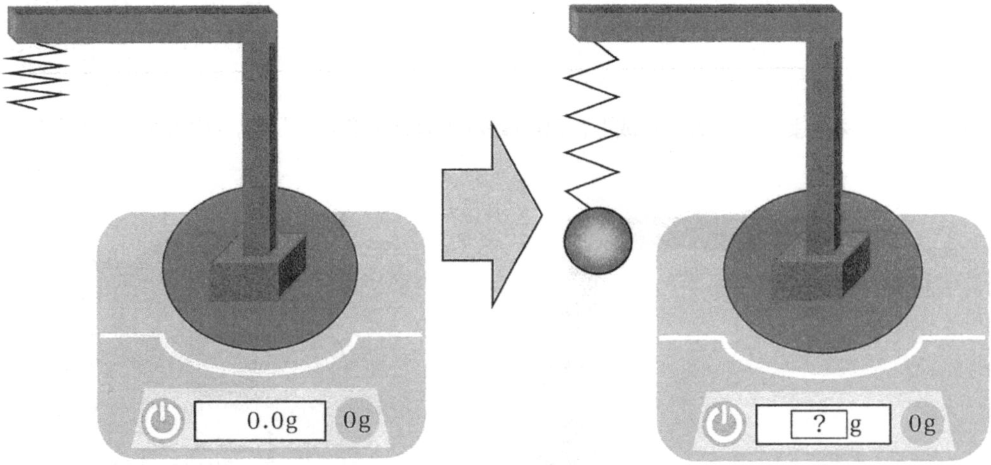

2　以下の問いに答えなさい。

⑴　打ち上げ花火を遠くの場所から見ると，花火の光が見えてから，少しおくれて花火の音が聞こえました。光の速さと，音の速さはどちらが速いですか。

⑵　A君，B君，C君は宮崎市にある平和台公園に行き，音についての実験を行いました。

平和台公園にある平和の塔《とう》に向かってA君，B君，C君が下図のようにきょりを開け一直線上に並びました。B君が手をたたいたところ，その音はさまざまな方向に広がり，一部の音は平和の塔のかべで反射して進んだため，A君，C君は手をたたいた音を２回聞きました。B君が手をたたいてからC君は0.1秒後に１回目の音を聞きました。また，B君が手をたたいてからA君は1.0秒後に２回目の音を聞きました。以下の(a)～(c)に答えなさい。ただし，音は風のえいきょうを受けず，一定の速さで進むとします。

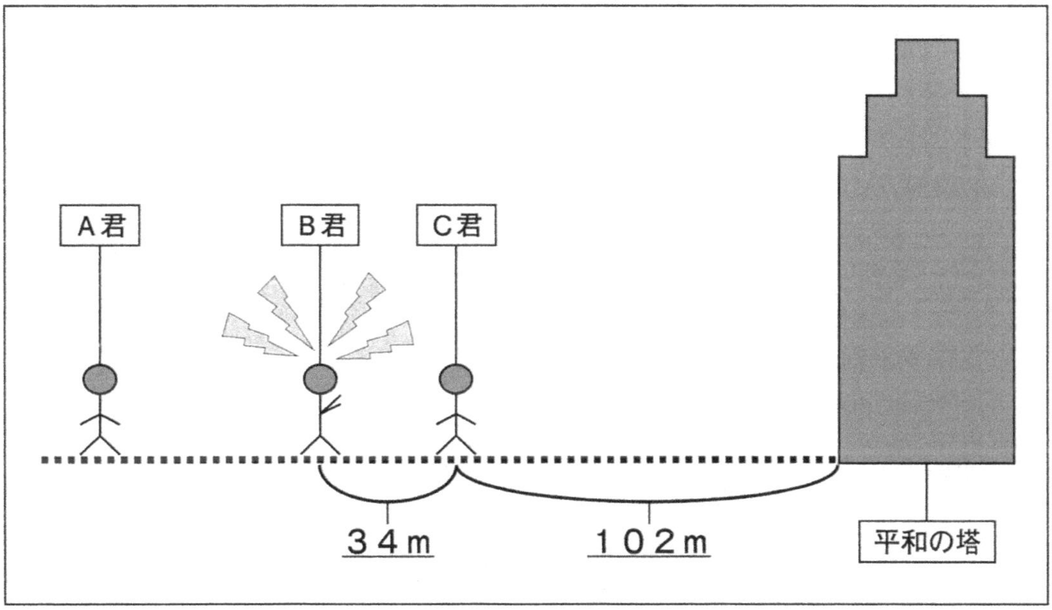

(a)　音の速さは秒速何mか答えなさい。

(b)　C君が２回目の音を聞いたのは，１回目の音を聞いてから何秒後か答えなさい。

(c)　A君とB君のきょりは何mか答えなさい。

理　科　5

3　**以下の会話文を読み，あとの問いに答えなさい。**

（今日の給食のこんだてを見ながら会話をしているふみやくんとななさんの会話です。）

な　な：「やった！給食はカレーライス！」

ふみや：「ななさんは本当にカレーライスが好きだね。ところで，カレーライスにはご飯（白米）が使われているけれど，①ご飯をよくかむとあまく感じるよね。なぜだろう。」

な　な：「わたしはいつも給食のときはお腹が空いているから，ついついあまりかまずに飲みこんじゃう。今日はゆっくりかんで食べてみるよ！」

ふみや：「ぜひ，やってみてね。ところで，②口から入った食べ物は，どのくらいの時間をかけて消化されるのか知ってる？」

な　な：「考えたことがなかったな・・・。５時間くらい？」

ふみや：「その時に食べたものや，個人によって差があるけれど，おおよそ１～２日程度かかるらしいよ。」

な　な：「そんなにかかるんだ！ヒトの体って面白いなあ。このように，ヒトはほかの生物を食べて栄養分を取り入れているけれど，他の生物も同じなのかな？例えば，今日のカレーライスには牛肉が入っているね。ウシはどのような生物を食べて栄養分を取り入れているのだろう。」

ふみや：「ウシは草食動物だから，牧草などの植物を食べて栄養分を取り入れているよ。」

な　な：「じゃあ，牧草はどうやって栄養分を取り入れているの？」

ふみや：「③牧草は，自分で栄養分をつくりだすことができるらしいよ。」

な　な：「④私たちがふだん食べている生物たちの食べ物をたどっていくと，最後は自分で栄養分をつくる生物に行きつくんだね！」

ふみや：「確かにそうだね！そして，私たちは動物を食べることで，間接的に植物を食べているともいえそうだね。」

（令和五年度）

国語解答用紙

（前期用）

学校名	小学校
受験番号	
氏名	

㊟ 合計欄《らん》・小計欄には何も記入しないで下さい。

合計
※100点満点（配点非公表）

一

問一	問二	問三	問四	問五	問六	問七
a			(1)		①	
b			(2)		②	
					③	
					④	

小計

3

(1)		(2)	段目の左から　　番目
(3)		(4)	

※ 小計

4

(1)	㎠	(2)	cm	(3)	番目
(4)	枚必要				

※ 小計

5

重い２枚のコインの番号は(　　　　)と(　　　　)

〈説明〉

※ 小計

小計	

2

(1)				(2)
ア	イ	ウ	エ	

(3)			
A	B	C	D

(4)			(5)

(6)			
①A	B	C	D
②			

小計	

3

(1)				
ア	イ	ウ	エ	オ

(2)	(3)

(4)	(5)
	(　　　　　　　　　　　)様子から, (　　　　　　　　　　　)ということを うったえる目的で設置されたといえる。

小計	

3

(1)(a)		(1)(b)	
【ア】	【イ】	【あ】	【い】

(2)(a)				
A	B	C	D	E

(2)(b)	(2)(c)

(2)(d)	
①	②

(3)(a)		(3)(b)	(4)(a)
【あ】	【い】		

(4)(b)		
サバA [g]	サバB [g]	マグロ [g]

小計	

（令和５年度） 理　科　解　答　用　紙 （前　期　用）

学 校 名	小学校	受験番号		氏　名	

㊟　合計欄・小計欄《らん》は何も記入しないで下さい。

合 計	※50点満点 （配点非公表）

1

(1)		(2)	
(3)		(4)	
鉄球	木片	(a)	(b)

小計	

2

(1)	(2)(a)	(2)(b)	(2)(c)

【解答用

（令和5年度）社　会　解　答　用　紙（前期用）

学校名	小学校	受験番号		氏　名	

（※）合計欄《らん》は記入しないで下さい。

<u>（※）解答は指定されたところ以外、漢字でもひらがなでもかまいません。</u>

合計	※50点満点 （配点非公表）

1

(1)	(2)	(3)

(4)	(5)

(6)	
①	②
③	

(7)

(8)	(9)	
	ア	イ

【解答

（令和５年度）算　数　解　答　用　紙（前　期　用）

学校名	小学校	受験番号		氏　名	

〔注意〕　答えを分数で書くときは，約分した形で書きなさい。

※　合計らん・小計らんには何も記入しないで下さい。

合計	※100点満点（配点非公表）

1

(1)		(2)		(3)	
(4)		(5)		(6)	

※

小計	

2

(1)	人	(2)	通り	(3)	円
(4)	人	(5)	曜日		

※

小計	

【解答

小計

二

問一
A
B

問二
X
Y

問三

問四

問五
経験。

問六

小計

三

問一
① ② ③ ④
⑤ やし
⑥ く
⑦ ⑧

問二
① ② ③ ④

問三
① 漢字 意味
② 漢字 意味
③ 漢字 意味
④ 漢字 意味

問四
非
不
無
未

(1)　会話文中の**下線部**①に関して，ふみやくんとななさんは「ご飯をよくかむとあまく感じる」理由について予想を立て，実験を行うことでたしかめました。以下の文章は，ふみやくんとななさんが実験についてまとめたものです。この文章を読み，あとの問いに答えなさい。

ご飯をよくかむとあまく感じる理由

《知っていること》

①　ご飯には，【　ア　】がたくさんふくまれている。

②　ご飯をかんでいると，消化液の１つである【　イ　】が口の中で分ぴつされる。

③　**【ア】**があるかないかは，ヨウ素液で調べることができる。

《予想》

ご飯と**【イ】**が混ざることで,**【ア】**があまく感じる別のものに変化したのではないか。

《実験》

①　ごはんをすりつぶしてつくった液を，２つの試験管に，スポイトで少しずつ入れる。

②　綿棒を２つに切って，片方の綿棒を口にくわえ，**【イ】**をしみこませる。もう一方の綿棒には，水をしみこませる。

③　２つの試験管に，それぞれの綿棒を入れる。**【イ】**をしみこませた綿棒を入れた試験管をAとし，もう一方の試験管をBとする。

④　綿棒を入れた試験管AとBを，２分ほど手のひら（体温）であたためる。

⑤　２分ほどあたためたあと，それぞれの試験管を軽くふり，ヨウ素液を１，２てきずつ入れる。

⑥　試験管AとBの液の色の変化を比べた。

(a)　上の文章中の空らん**【ア】**，**【イ】**に当てはまる言葉を答えなさい。

(b)　上の文章の**《実験》**を行った結果,以下の表のようになりました。表中の空らん**【あ】**と**【い】**には,「**した**」「**しなかった**」のいずれかの言葉が入ります。それぞれどちらかを答えなさい。

試験管	試験管内の液の色の変化
A	色は変化【　あ　】。
B	色は変化【　い　】。

理　科　7

(2)　会話文中の**下線部②**に関して，右の**図1**は，ヒトの消化にかかわる器官を表しています。これについて，あとの問いに答えなさい。

図1

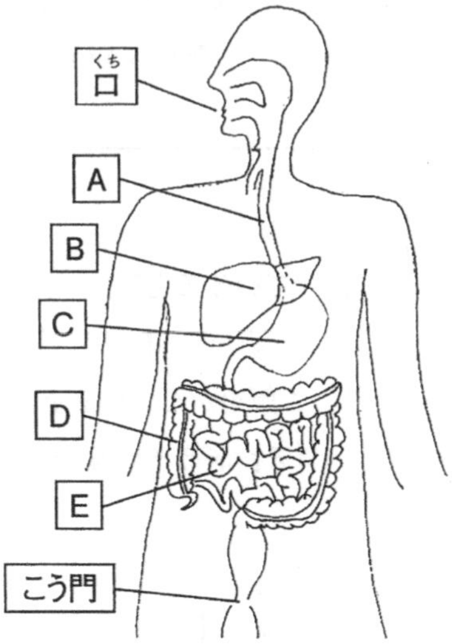

(a)　図1中の**A**～**E**の器官の名前を答えなさい。

(b)　口から入った食べ物がとおる道すじとして正しいものを，以下の選択肢《せんたくし》**ア**～**オ**の中から1つ選び，記号で答えなさい。

ア　口→A→B→C→D→E→こう門

イ　口→A→B→D→E→こう門

ウ　口→A→C→D→E→こう門

エ　口→A→C→E→D→こう門

オ　口→A→B→E→D→こう門

(c)　(b)で選んだ，口からこう門までの食べ物のとおり道のことを何というか答えなさい。

(d)　右の**図2**は，図1中の**E**の器官の内側のかべを拡大したものです。これについて，以下の問い①，②に答えなさい。

①　この小さなでっぱりの部分の名前を答えなさい。

②　この小さなでっぱりが**E**の内側のかべにあることにより，食べ物を吸収するうえでどのような利点があるか。以下の語群をすべて用いて，説明しなさい。

図2

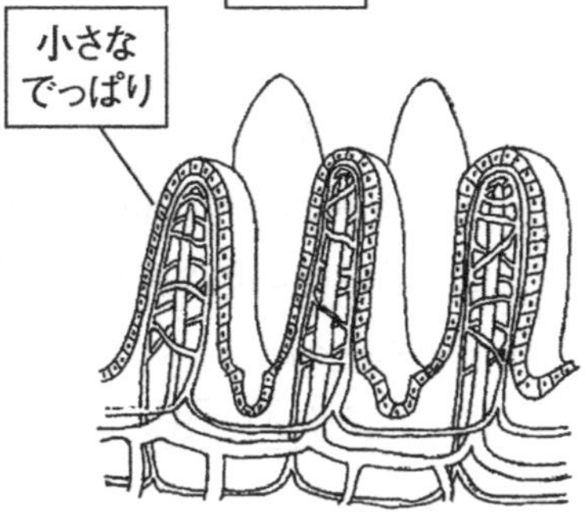

語群

食べ物　／　吸収　／　表面積

(3)　会話文中の**下線部③**にあるように，発芽したあとの植物は，葉に日光が当たることで栄養分をつくりだすことができます。ただ，植物の種子は発芽すると，根・くき・葉になる部分は成長していきますが，子葉はしぼんでいきます。このことについて関心をもったふみやくんとななさんは，次の実験を行いました。これについて，あとの問いに答えなさい。

《実験》

① 水にひたしてやわらかくしたインゲンマメの種子と，発芽後しばらくしてしぼんだ子葉を半分に切って，ペトリ皿においた。
② 切り口にヨウ素液をつけて，色の変化を調べた。

図3

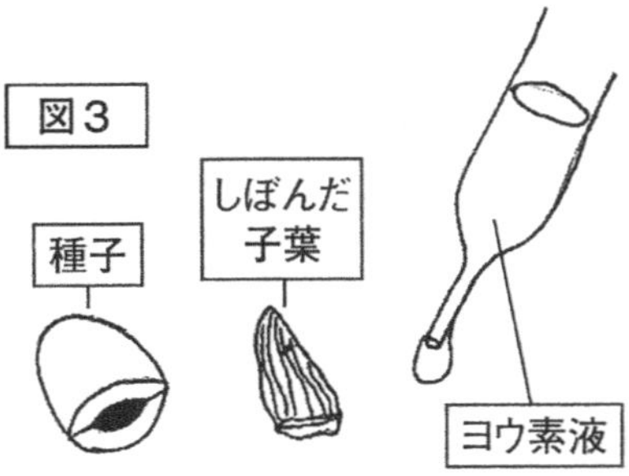

(a) 上の実験を行った結果，以下の表のようになりました。表中の空らん**【あ】**と**【い】**には，**「した」「しなかった」**のいずれかの言葉が入ります。それぞれどちらかを答えなさい。

実験材料	切り口の色の変化
種子	色は変化【　あ　】。
しぼんだ子葉	色は変化【　い　】。

(b) 植物が，葉に日光を受けて栄養分をつくるはたらきのことを，**漢字３文字**で何というか答えなさい。

(4) 会話文中の**下線部④**に関して，この日の晩ご飯にマグロのさしみを食べたななさんは，マグロが何を食べ，さらにその生物は何を食べるのかについて関心をもちました。調べてみると，下の**図４**のように，マグロはサバを食べ，サバはイワシを食べ，イワシは水中の小さな生物を食べることがわかりました。これについて，あとの問いに答えなさい。

図４

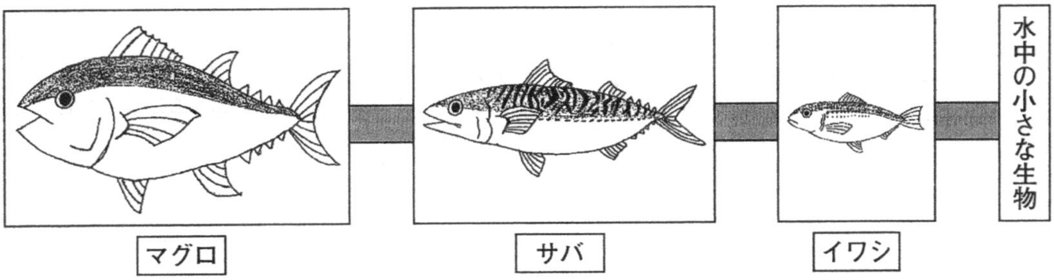

(a) このような，「食べる・食べられる」のひとつながりの関係のことを何というか答えなさい。

(b) 近年，マイクロプラスチックとよばれる小さなプラスチックのごみが，海にたくさんただよっていることが問題になっています。**図５**は，マグロ，サバ，イワシの「食べる・食べられる」の関係を示したものです。それぞれの生物名とともに書かれている数値［g］は，それぞれの生物が現在体内にもっているマイクロプラスチックの重さを示しており，マイクロプラスチックを食べてしまった生物の体内にはマイクロプラスチックが消化されずに

理　科　9

残ります。図5中のサバA，サバB，マグロが，図の矢印で示した生物を食べたあとに体内にもつマイクロプラスチックの重さを計算しなさい。

　ただし，それぞれの生物は，下の図に示された生物以外のものは食べなかったものと仮定し，マグロは，それぞれのイワシを食べたサバを食べたものと仮定して計算することとします。

図5

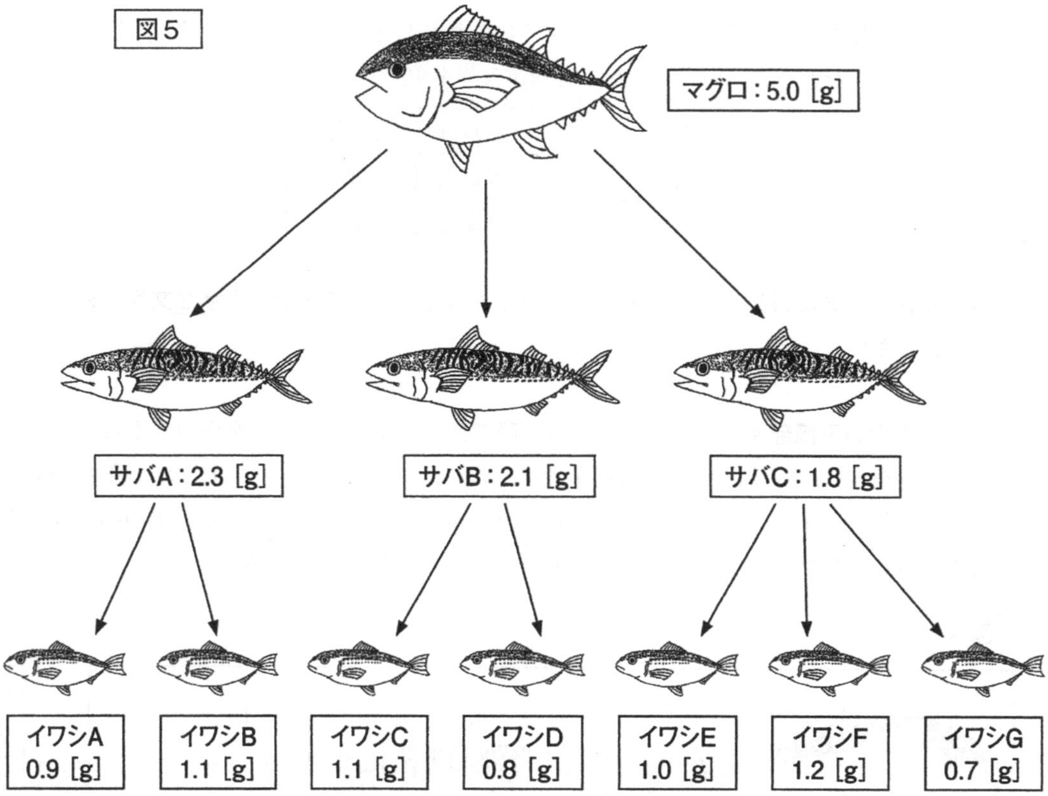

令和４年度

宮崎第一中学校　入学者選抜学力検査問題

（1月5日　第1時限　8時30分～9時20分）

国　　語

（前　　期）

（注　　意）

1．「始め」の合図があるまで，このページ以外のところを見てはいけません。
2．問題用紙は，表紙を除いて10ページで，問題は3題です。
3．「始め」の合図があったら，まず解答用紙に小学校名，受験番号と氏名を記入し，次に問題用紙のページ数を調べて，欠けているページがあれば申し出なさい。
4．答えは，必ず解答用紙の答えの欄《らん》に記入しなさい。
5．印刷がはっきりしなくて読めないときは，だまって手をあげなさい。問題内容や答案作成上の質問は認めません。
6．「やめ」の合図があったら，すぐ鉛筆をおき，問題用紙と解答用紙を別にし，裏返しにして，机の上におきなさい。

問題用紙は持ち帰ってかまいません。

2022(R4) 宮崎第一中
K 教英出版

国語　1

一　次の文章を読んで、あとの問いに答えなさい。（作問の都合上、一部改変があります。）

X ニオイはであいの最初が勝負

バラの花の香りを注意ぶかくかぎこんでいると、その香りがだんだん弱くなっていくような気がする。そのうちに、ほとんどニオイがしなくなってしまう。

香りの専門家がニオイをかぐとき、におい紙を使う。長さ14㎝幅《はば》7㎜ほどの※吸い取り紙のさきに香料《こうりょう》をつけるのだ。薄《うす》黄色のカリフォルニアレモンの香料をにおい紙につけてかぐと、さわやかで甘《あま》ずっぱい香りがひろがる。つづけていると、バラの場合とおなじように、どんどんニオイが弱くなる。しかし、こんどはフランスのラベンダーをかぐと、これはしっかりニオイを感じる。

このように、おなじニオイを感じなくなる※生理現象を、〝順応《じゅんのう》〟とか〝疲労《ひろう》〟という。

これはだれにでもおこることだ。ふつうの人にはかならずおこって、香りの専門家はおこりにくいという現象ではない。

[a]、香りを注意ぶかくしらべるときでも、あまり時間をかけないで、短い時間にパッとかぐほうがよいのだ。

この順応の現象を、香りの専門家は香料のAハンテイに役だてることができる。

天然香料は、ワインのブドウとおなじように、年によって※作柄《さくがら》や品質がことなる。※フロリダを※寒波がおそい、オレンジが※霜《しも》にあたったときなど、それが、ニオイに微妙《びみょう》にあらわれる。

よい品質のオレンジ香料をにおい紙でしっかりかぐと、私の鼻はそれにまひしてしまう。すぐつづけて霜の害にあったオレンジの香料をかぐ。さきのオレンジの香料にふくまれていた品質のよい成分のニオイは感じないので、霜害《そうがい》によるいやなニオイがきわだってくる。

〝順応〟の現象は、時には命にかかわる事故につながることがある。

※家庭の都市ガスやプロパンガスは、もれたときにすぐわかるように特別の警告臭《しゅう》がつけてある。ふつうはもれるとすぐわかる。

[b]、これにも〝順応〟がおき、もれてすぐ気づかないと、だんだんとこの不快なはずのニオイがわからなくなってくるのだ。

そんなとき、室内に人がはいってくると、そのひどいニオイに、なぜ家の人が気づかないのかおどろくという。

国語 2

さきにのべた香料の場合を①短期の順応とすれば、長期の順応といえるものもある。

友だちの家の玄関《げんかん》をあけたとき、その家Bドクトクのニオイを感じたことがあるだろう。［ c ］、毎日いる人にとっては、かくべつの感覚はひきおこさない。下水道の工事をする人たちは、その仕事になれてくると、あのしめった※腐敗《ふはい》臭を感じなくなるという。

このような〝順応〟の現象は、環境《かんきょう》の変化にそって、生活を快適にしようとする生物に共通の能力で、ヒトにもそなわっているものだ。なにも※嗅覚《きゅうかく》にかぎったことではない。

ほかの感覚器官、［ d ］、※瞳孔《どうこう》はあかるい戸外にでると収縮して、はいってくる光の量をへらそうとする。映画館の暗い場内にはいると、最初は足もとが見えなくておぼつかないが、しだいに暗さになれて物が見えるようになる。瞳孔がひらいて少ない光をとらえようとするのだ。

ネコの目を見ると、日のあたる※縁《えん》さきと部屋の暗がりでは、瞳孔の大きさがはっきりちがう。

日光にあたると、皮ふの色が黒くなる。黒色の※メラニン色素がふえ、体の中にはいってくるCカドの紫外線《しがいせん》をふせごうとする。もともと熱帯地方に住む人たちは、生まれつきメラニン色素が多くできているが、白人や黄色人種は、自分の皮ふの色を、紫外線の強さによってかえていくのだ。

冬の寒い朝には皮ふはしまっていて、体温をにがすまいとするが、真夏にスポーツをすると、※汗腺《かんせん》がひらいて汗《あせ》をだし、熱を発散して皮ふの温度をさげて、体温をたもとうとする。

（中村祥二『香りの世界をのぞいてみよう　ニオイの不思議な力』より）

［注］
※吸い取り紙……水をよく吸う紙。
※生理現象………生き物が生活していくための、からだのはたらきとしてあらわれる現象。
※作柄……………農作物の出来ぐあい。
※フロリダ………アメリカ合衆国の南東部の州の一つ。
※寒波……………つめたい空気のかたまりがやってきて、ひどい寒さをおこすこと。
※霜………………空気中の水蒸気がひえて地上の物にこおりついたもの。
※家庭の都市ガスやプロパンガス……家庭で使われているガスの種類のこと。

※腐敗臭…………物がくさってだめになるにおい。
※嗅覚…………においに対する感覚。
※瞳孔…………眼球の色がついている部分の中で、中心の黒いところ。大きさを変えて、眼内に入る光の量を調整する。
※縁さき…………ざしきの外側につくった細長い板じきの部分の、庭に近いほう。
※メラニン色素……はだや毛、ひとみの色を作る、色のもとになっているもの。
※汗腺…………皮ふにあって、汗を出す器官。

問一　＝＝＝A〜Cを漢字に直しなさい。

問二　[a]〜[d]に当てはまる言葉として適切なものを次から一つずつ選び、記号で答えなさい。同じものを二度使ってもかまいません。

ア　しかし　**イ**　つまり　**ウ**　だから　**エ**　たとえば

問三　――①とありますが、香りにおける「短期の順応」について簡潔に書かれている部分を、「〜こと。」につながるように本文から四十字でぬき出し、最初と最後の五字を答えなさい。

問四　〃順応〃や〃疲労〃といった生理現象はなぜおこるのでしょうか。本文の言葉を使って答えなさい。

問五　次の(1)～(4)が、本文の内容と合っている場合は○を、そうでない場合は×を書きなさい。ただし、すべてを○、あるいは×にしたものは解答として認めません。

(1) よい品質のオレンジ香料には鼻をまひさせる成分がふくまれており、他のもののニオイがわかりにくくなる。

(2) 〝順応〟の現象は、香りの専門家かふつうの人かに関係なく、すべての人におこる可能性がある現象である。

(3) 家庭の都市ガスやプロパンガスには警告臭がつけられているが、それにも〝順応〟がおこることがある。

(4) 人だけがもつ瞳孔という眼の器官は、収縮したり広がったりして眼に入ってくる光の量を調整している。

問六　～～～Xはこの文章の見出しです。この文章と見出しについての次の会話を見て、□に当てはまる言葉を、十字以上十五字以内で考えて書きなさい。

先生　この見出しで筆者はどういうことを読者に伝えたいのだろう？　まずは、見出しの中の「勝負」という言葉に注目して考えてみようか。

生徒A　「最初が勝負」とあるから、「勝負」が「最初」に決まるということだろうね。

生徒B　「勝負」ということは勝ちと負けがあるということ？

生徒C　いや、そういうことではなくて、最初が大事ってことじゃないかな？

生徒B　そういえば、「料理はだしが勝負」って聞いたことあるなあ。これはだしが料理の決め手だということを言いたいんだよね。

先生　じゃあ、今回の文章の内容に戻《もど》ってみよう。

生徒B　バラやカリフォルニアレモン、ラベンダーの例からわかるように、ニオイというものは、かげばかぐほど感じにくくなるみたい。

生徒A　確かに、友達の家に遊びに行った時も、最初はその家特有のニオイがするけど、いつの間にか感じなくなっているもんなあ。

生徒C　「であいの最初」というのは、ニオイをかいだその瞬間《しゅんかん》ということか。

先生　つまり、この見出しで筆者が言いたいことをまとめると、ニオイは□ということだね。

国語 5

二 次の文章を読んで、あとの問いに答えなさい。(作問の都合上、一部改変があります。)

「わたし」(綿野《わたの》あみ)の家には、大学生のいとこ・早月《さつき》が※居候《いそうろう》していた。競馬《けいば》の実況《じっきょう》アナウンサーを目指す早月は「いい実況をするためには、取材を通して相手を知ることが大切」と教えてくれた。二年後、中学一年生になった「わたし」が所属する生け花部は、文化祭で生け花ショーを開くことになった。ショーの実況アナウンスを担当する「わたし」は、あまり話したことのない部員・九島《くしま》麻衣《まい》の取材のために、麻衣とその母親と三人でカラオケボックスに来ている。

途中《とちゅう》、九島さんがトイレに席を立ったとき、
「あみちゃん、ありがとうね」
蛍光《けいこう》塗《と》料《りょう》が光る部屋で、九島さんのお母さんがふと真顔になった。
「何がですか?」
「麻衣は小学校に上がるまで、父親の仕事でベトナムに住んでたの。私たち両親とおばあちゃんの四人で。麻衣はAおばあちゃん子だから、日本語よりベトナム語のほうが得意だった。日本の学校に入ったとき、日本語がなまってるっていじめられて、小学校ではほとんどしゃべらなかったの。だから、中学でお友達ができてよかった」
大学時代、日本に留学していたというお母さんは、なめらかな日本語でそう言った。
「今日一緒《いっしょ》に来たのは、お礼が言いたかったの。麻衣と友達になってくれてありがとう。これからもよろしくね」
「いや、そんな……」

X

カラオケを出た後、「二人で甘《あま》いものでも食べていったら」と九島さんのお母さんがくれたおこづかいで、ドーナツショップに入った。

「九島さんってほんとに歌がうまいね！　ビックリした」
「ううん、そんなことない。歌うの好きなだけだよ。お母さんまで一緒に来ちゃってすごく恥《は》ずかしい」

Y

「そんなに歌がうまいなら合唱部とか軽音楽部でもやっていけそう。どうして生け花部に入ったの？」
取材を兼《か》ねてきいてみると、
「………」
う、沈黙《ちんもく》。何か別の質問にしなきゃと焦《あせ》っていると、九島さんが小さな声で答えた。
「……しゃべらなくてすむから」
九島さんは目を伏《ふ》せたまま、ジュースのストローの袋《ふくろ》を小さく折りたたみながら言った。
ああ、そうか。①九島さんのお母さんの言葉が耳元で蘇《よみがえ》った。
「九島さん、全然なまってないよ。小学校のころはどうだったか分からないけど、今しゃべってる発音は全然変じゃない」
本心だった。九島さん本人がなまっていると感じるならきっと気のせいだ。
「……ほんと？」
「ほんと！」
わたしは気づかないうちに②前のめりになっていた。もう実況のためだけじゃない。
「もっと聞かせて。マイちゃんの話。もっと知りたい」
思わず名前で呼んでしまった。何だか熱すぎて引かれてしまったかな。そう思っていると、テーブルにポタッとしずくが落ちた。
「……ありがとう」
目をごしごしとこすりながら、マイちゃんがつぶやいた。
「綿野さんたちが話してるの、楽しそうだなって思ってた。でも勇気なくて。……ほんとは、わたしもしゃべりたかった」

涙目《なみだめ》で微笑《ほほえ》むマイちゃんは、③水が上がった花みたいにうるおって見えた。

ただの大人《おとな》しい子だと思ってた。B包《つつ》み隠《かく》さず言えば、ただの暗い子だと思ってた。

④カオ先輩《せんぱい》とばっかりしゃべっていたわたしは、マイちゃんが黙《だま》っている理由なんて考えたことがなかった。

ごめん。マイちゃん。

「ただの」の一言で片づけられる人なんていないのかもしれない。

（こまつあやこ『ハジメテヒラク』より）

［注］　※居候……他人の家に世話になり、養ってもらうこと。

問一　══A・Bのここでの意味として最も適切なものを次から選び、それぞれ記号で答えなさい。

A　おばあちゃん子

- **ア**　祖母から育てられている子ども
- **イ**　祖母によくなついている子ども
- **ウ**　年齢《ねんれい》のわりに落ち着いた子ども
- **エ**　子どもらしさが全くない子ども

B　包み隠さず言えば

- **ア**　まわりを気にしながらも、本当のことを言えば
- **イ**　かっこいい言葉をうまく使って、本心を言えば
- **ウ**　だれにでもわかりやすいように、本心を言えば
- **エ**　心のなかをさらけ出して、本当のことを言えば

問二 X ・ Y には、「わたし」が心の中で実況したセリフが入ります。最も適切なものを次から選び、それぞれ記号で答えなさい。

ア 『九島さん、自分で気づいているでしょうか。学校ではほとんど単語しか話さなかったのに、カラオケから出てきた九島さんは、ふつうに話してくれてます』

イ 『おーっと、そこまで考えていなかった！ 綿野あみ、ピンチです。一歩、そしてもう一歩後ずさりました。この案はここでボツなのか……』

ウ 『綿野あみ、お礼を言われるようなことはしていません。実況の取材で誘《さそ》っただけなのに。純粋《じゅんすい》な友達じゃない。ほんのりとした後ろめたさを感じます……』

エ 『綿野あみ、どうしたのでしょう。これじゃまるでスタートのピストルが鳴っても、一歩を踏《ふ》み出せないランナーのよう』

問三 ——①「九島さんのお母さんの言葉が耳元で蘇った。」とありますが、「わたし」の耳元に蘇った「言葉」を本文から一文で探し、最初の五字を答えなさい。

問四 ——②「前のめりになっていた。」とありますが、その理由を二十五字程度で答えなさい。

問五 ——③「水が上がった花みたいにうるおって見えた。」とありますが、このときの「マイちゃん」の様子として最も適切なものを次から選び、記号で答えなさい。

ア つらかった小学校時代を思い出してたくさんの涙を流し、顔じゅうがびしょぬれになっている。

イ 自分に寄り添《そ》い理解しようとしてくれた「わたし」に心を開き、自分らしさを取り戻《もど》している。

ウ 「マイちゃん」という呼び方に驚《おどろ》き、どのように反応したらいいのかわからず困り果てている。

エ 「わたし」に得意な歌をほめられ、うれしさと照れくささが入り混じった表情を浮《う》かべている。

問六 ——④「カオ先輩とばかりしゃべっていた」とありますが、その理由を三十字程度で説明しなさい。

国語 9

三 次の各問いに答えなさい。

問一 次の――部のカタカナを漢字に直しなさい。

① 運動会がエンキになる。 ② ヒナンを受ける。 ③ ホウフな資源。 ④ 与《よ》党《とう》のセイサク。

⑤ ゼッコウのチャンス。 ⑥ テチョウに書き込《こ》む。

問二 次の――部のよみをひらがなで答えなさい。

① 年長者を尊ぶ。 ② 険しい表情。 ③ 直ちに始める。 ④ 得体の知れない生き物。 ⑤ 頭角をあらわす。

問三 次の会話文を読んで、あとの問いに答えなさい。

①

A子 「社会より前に国語があったね」
B子 「理科は二時間目でした」
C子 「算数は社会より後でした」

(問) この日の時間割を一時間目から四時間目まで順に答えなさい。

②

A男 「ぼくはD君と前後です」
B男 「ぼくは……」
C男 「ぼくはA君とB君にはさまれています」
D男 「ぼくは一番後ろです」

(問) 四人が並んだ順番を前から答えなさい。

問四　次の言葉を、国語辞典で出てくる順番に並びかえ、記号で答えなさい。

①　㋐　ジャングル　㋑　シャッター　㋒　借金

②　㋐　バナナ　㋑　花　㋒　パンフレット

③　㋐　メーター　㋑　迷惑《めいわく》　㋒　メッセージ

令和４年度

宮崎第一中学校　入学者選抜学力検査問題

（１月５日　第２時限　９時30分～10時20分）

算　　数

（前　　期）

（注　　意）

1．「始め」の合図があるまで，このページ以外のところを見てはいけません。

2．問題用紙は，表紙を除いて５ページで，問題は５題です。

3．「始め」の合図があったら，まず解答用紙に小学校名，受験番号と氏名を記入し，次に問題用紙のページ数を調べて，欠けているページがあれば申し出なさい。

4．答えは，必ず解答用紙の答えの欄《らん》に記入しなさい。

5．印刷がはっきりしなくて読めないときは，だまって手をあげなさい。問題内容や答案作成上の質問は認めません。

6．「やめ」の合図があったら，すぐ鉛筆をおき，問題用紙と解答用紙を別にし，裏返しにして，机の上におきなさい。

問題用紙は持ち帰ってかまいません。

2022(R4) 宮崎第一中
K 教英出版

1　次の計算をしなさい。

(1)　$520 \div 4 - 15 \times 3$

(2)　$250 - (50 - 10 \times 2)$

(3)　$1.06 \times 5 - 4.2 \div 5$

(4)　$2\frac{1}{4} - \frac{5}{6} + 1\frac{5}{12}$

(5)　$\frac{7}{12} \div 1\frac{3}{4} + 2\frac{1}{2} \times \frac{1}{6}$

算　数　2

2 次の各問いに答えなさい。

(1) 2.5 ℓ の水を0.3 ℓ ずつ容器に入れます。このとき，0.3 ℓ 入りの容器は何本できて，何 ℓ 残りますか。

(2) 宮崎第一中学校の２年生の生徒数は107人で，女子は男子より３人少ないです。
女子の人数は何人ですか。

(3) $\frac{1}{7}$ を小数で表すとき，小数第50位の数を求めなさい。

(4) 厚さ0.1㎜ の新聞紙を半分に折っていくとき，折った紙の厚さが２㎝ をはじめてこえるのは何回折ったときですか。

(5) 縮尺 $\frac{1}{25000}$ の地図で，学校と空港は20 ㎝ 離れています。
実際の距離で学校から空港まで時速４㎞で歩いたら，何時間何分かかりますか。

(6) 分母が11で0.8より大きく，0.9より小さい分数を求めなさい。

3 ひかるさんとお母さんは，家をいっしょに出て毎分60mの速さで駅に向かいましたが，５分歩いたところでお母さんがわすれ物に気づき，お母さんだけが毎分100mの速さで家にもどりました。家にもどってから３分後にお母さんは毎分120mの速さで，駅に向かって歩いているひかるさんを追いかけました。ひかるさんに追いついたのは駅の手前240mのところでした。

ただし，ひかるさんの歩く速さは一定であるものとします。

次の問いに答えなさい。

(1) お母さんがわすれ物に気づいたのは，家から何mのところですか。

(2) お母さんがふたたび家を出るとき，ひかるさんは家から何mのところにいますか。

(3) 家から駅まで何mありますか。

算　数　4

4　右の図のように，横の長さが 26 ㎝，たての長さが６㎝の長方形Ⓐと，等しい２辺の長さが８㎝の直角二等辺三角形Ⓑが一直線上にあります。この直線上をⒷが一定の速さで矢印の向きに動いていきます。

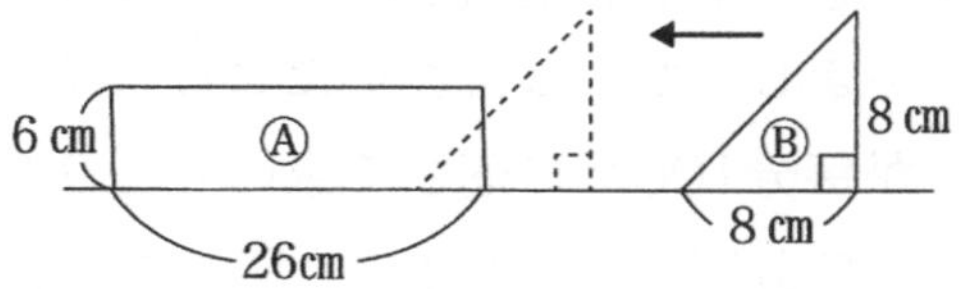

次の問いに答えなさい。

⑴　ⒶとⒷが重なった部分の図形はどのように変化していくでしょうか。下の㋐〜㋓の中から１つ選びなさい。

㋐	三角形	→	台形	→	五角形	→	長方形
㋑	台形	→	五角形	→	長方形	→	三角形
㋒	台形	→	長方形	→	五角形	→	三角形
㋓	三角形	→	長方形	→	台形	→	五角形

⑵　ⒶとⒷが重なり始めてからⒷが６㎝ 動いたとき，ⒶとⒷが重なった部分の面積は何 ㎠ ですか。

⑶　ⒶとⒷが重なった部分の面積が最大となるとき，その面積は何 ㎠ ですか。

⑷　ⒶとⒷが重なった部分の面積が最大となる時間が９秒間続きました。
Ⓑの動く速さは毎秒何 ㎝ ですか。

⑸　⑷のとき，ⒶとⒷが重なった部分の面積は最初に18 ㎠ になってから何秒後に，12 ㎠ になりますか。

5 次の問いに答えなさい。

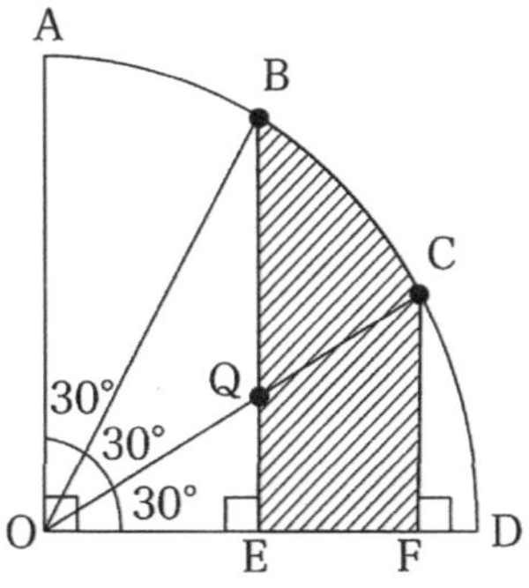

左の図において，

「おうぎ形 OBC の面積と斜線部分の面積は等しい」

この理由を説明しなさい。

なお，図を用いて説明してもよいものとします。

【補足】　～おうぎ形とは～

右図のように，円の一部分を切り取った図形を「おうぎ形」といい，おうぎ形の内側の角度を中心角という。

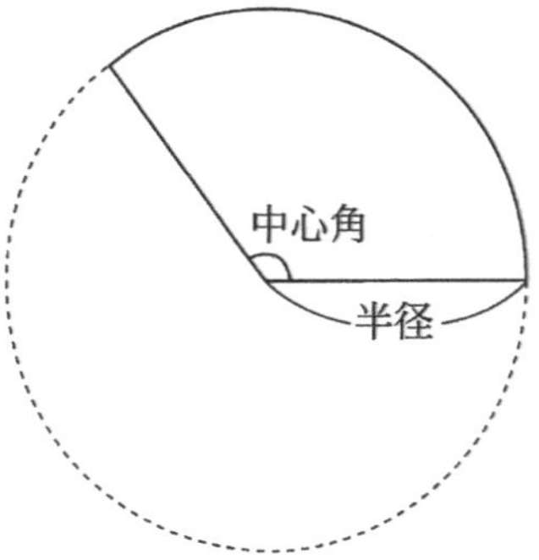

令 和 4 年 度

宮崎第一中学校　入学者選抜学力検査問題

（1月5日　第3時限　10時30分～11時00分）

社　　会

（前　　期）

（注　　意）

1．「始め」の合図があるまで，このページ以外のところを見てはいけません。

2．問題用紙は，表紙を除いて10ページで，問題は3題です。

3．「始め」の合図があったら，まず解答用紙に小学校名，受験番号と氏名を記入し，次に問題用紙のページ数を調べて，欠けているページがあれば申し出なさい。

4．答えは，必ず解答用紙の答えの欄《らん》に記入しなさい。

5．印刷がはっきりしなくて読めないときは，しずかに手をあげなさい。問題内容や答案作成上の質問は認めません。

6．「やめ」の合図があったら，すぐに鉛筆をおき，問題用紙と解答用紙を別にし，裏返しにして，机の上におきなさい。

問題用紙は持ち帰ってかまいません。

社　会　1

1　次の文章は、ゆいさんが宮崎県内各地を巡り歴史についてまとめたレポートである。これを参考に各問いに答えなさい。

ゆいさんがまとめたレポート

A：西都原古墳群について

西都原古墳群は、宮崎県のほぼ中央部に位置し、その範囲は南北4.2km・東西6kmに広がる。面積は58haを超える。a）**3世紀末から7世紀にかけて**築造され、その数は319基ある。また、古墳群には墳丘をもつ古墳に加えて、南九州に特有の地下式横穴墓や全国に広く分布する横穴墓が混在する。

B：椎葉村「平家落人伝説」について

椎葉村にはおよそ800年前、b）**壇ノ浦の合戦**に敗れたc）**平家**の武士たちが追っ手を逃れて、各地のふところの深い山奥へ逃げ、ひっそりと農耕をしながら暮らしていた。「椎葉山由来記」によると、那須与一《なすのよいち》の弟とされる那須大八郎宗久《なすだいはちろうむねひこ》が平家一門の姿を見て、哀れに思い追討を断念。幕府には討伐を果たした旨を報告したという言い伝えがある。

C：天正遣欧使節～伊東マンショについて

d）**天正10年（1582年）**、宮崎県西都市出身の伊東マンショはわずか13歳で、日本最初の天正遣欧使節の代表となり、ローマに渡った。日本を出てから3年後、イタリアに到着するとローマ市民に熱狂的な歓迎をうけ、教皇グレゴリオ13世に会うことができた。

1年4ヶ月の滞在で、ヨーロッパ社会・キリスト教のすばらしさを学び、ヨーロッパの文化や印刷機、楽器、観測機、海図などを持って長崎に帰国した。キリスト教布教と国際化を見すえて、人民の幸せのために生涯をかけた人である。

D：江戸幕府に仕えた儒学者～安井息軒

政治の乱れや海外からの圧力で、幕藩体制が揺らぎ始めたe）**江戸時代**の後期。1799年2月、安井息軒は、日向国宮崎郡清武郷（現・宮崎県宮崎市）に生まれた。貧しくも信念をもった学者であった父・滄洲《そうしゅう》の影響で、独自の研究姿勢を貫き、中国や朝鮮の学識者たちからも賞賛されるf）**儒学**者となった。清武やg）**飫肥城下では振徳堂などで子弟の教育に励み**、江戸に出て私塾・三計塾を開塾し、次世代を担う優れた人材を多く輩出した。

問1　右の資料は、西都原古墳群からも多く出土しているものである。これはどのような目的でつかわれたか、簡潔に答えなさい。

問2　下線部a）の頃に現在の大阪府堺市に作られた古墳とそれに関係する大王（天皇）の組み合わせとして正しいものを次の①～④の中から1つ選び、番号で答えなさい。

①　高松塚古墳―仁徳天皇　　　　②　大山古墳―ワカタケル大王
③　高松塚古墳―ワカタケル大王　④　大山古墳―仁徳天皇

問3　下線部a）の頃に中国や朝鮮半島から争いを逃れ、日本に移り住んだ人々を何というか。

問4　下線部b）について、この戦いが行われた場所を次の地図①～④の中から1つ選び、番号で答えなさい。

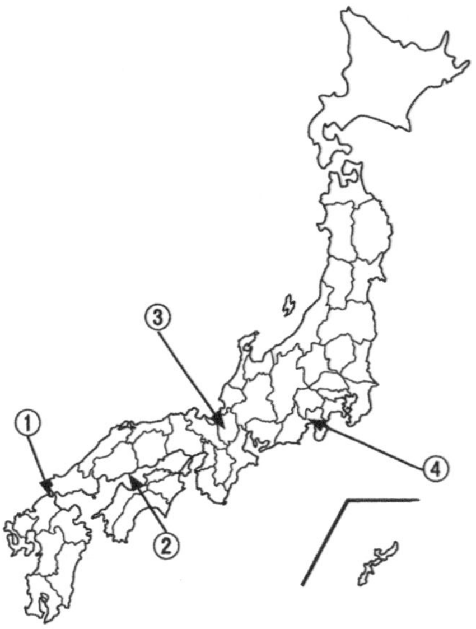

問5　下線部c）に関して、平氏が守り神として敬い、多くの宝物を納めるため、現在の広島県廿日市市に建てられたものについて述べた文はどれか。次の①～③の中から1つ選び、番号で答えなさい。

①　大国主大神などが祀られており、かつては日本有数の高さの建造物で約96メートルあったと伝わっている。
②　593年に創造されたと伝えられており、建造物の背後と自然が見事に調和した景観などが評価され、1996年にユネスコ世界遺産に登録されている。
③　皇室の氏神である天照大御神を祀るため、歴史的に皇室・朝廷の権威と結びつきが強く、南北朝時代に途絶えるまで、斎宮が設けられた。現在でも天皇や内閣総理大臣が参拝することが習慣になっている。

社 会 3

問6　下線部d）に関して、下線部d）の年の出来事をまとめた以下の表を参考に設問（1）～（2）に答えなさい。

いつ	できごと
2月20日	天正遣欧少年使節が長崎を出航する。
6月21日	本能寺の変よりX織田信長が自害に追い込まれる。
7月　2日	織田信長を討った【1】が山崎の戦いでY豊臣秀吉から追い詰められ自害する。
7月27日	豊臣秀吉が百姓への支配を固めるために各地で【2】を開始する。

（1）表中の【1】【2】に当てはまる語句を答えなさい。

（2）表のX・Yの人物について、次の文章①～⑥からX・Yの人物について書かれたものを、それぞれ2つずつ選び、番号で答えなさい。

①　小さな大名の子どもに生まれたので、小さい頃は人質として苦労してきたが、苦労のかいあって、征夷大将軍になれた。
②　身分の低い武士の出身だが、努力した結果天下人となり、大阪に城を築いた。
③　近江の国の安土城は城下町が栄えて、商売が自由にできるようになり、そこにヨーロッパ人の教会や学校もある。
④　「鳴かぬなら殺してしまえホトトギス」…寺や古いしきたりなどはすべて壊す。
⑤　「鳴かぬなら鳴くまでまとうホトトギス」…入り江を埋めて広げた城下町が、日本の政治の中心地になった。
⑥　「鳴かぬなら鳴かせてみようホトトギス」…明の征服をめざして大軍を派遣したが、うまくいかなかった。

問7　下線部e）の学問について、次の設問（1）（2）に答えなさい。

（1）江戸時代に幕府や藩が奨励した儒学に対し、仏教や儒学が伝わる前の日本人の考え方を明らかにしようとする学問を何というか。

（2）18世紀なかば、オランダ語の書物を通してヨーロッパの学問を研究する蘭学が盛んになったが、その中でも「解体新書」で有名な蘭学者は誰か。

問8　下線部f）について、この学問を学ぶ学校が各地に建てられた。それらの中で、栃木県に建てられた学校で「もっとも有名な坂東（関東）の学校」と言われた学校を次の①～④の中から1つ選び、番号で答えなさい。

①　開智学校　　②　弘道館　　③　足利学校　　④　昌平坂学問所

問9　下線部g）について、幼少期は振徳堂で学び、のちに日本の外交官となり、ロシアとの講和条約の際には、全権大使として条約締結をした人物は誰か。

問10　問9の人物がアメリカとの交渉をした際、回復した権利は何か。

2　次の日本地図を参考に、各問いに答えなさい。

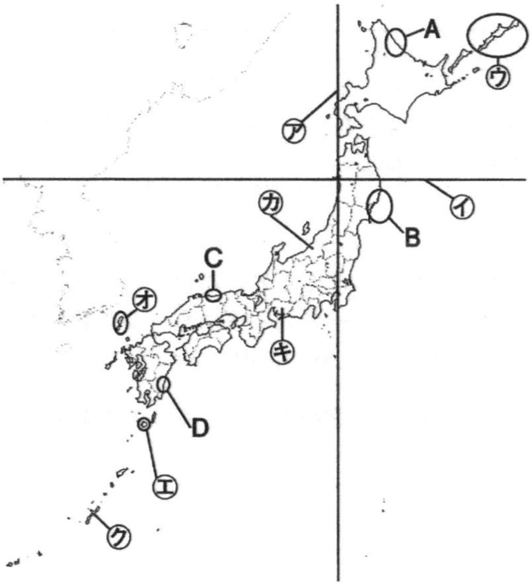

※㋗の都道府県は，都道府県庁所在地が置かれている島のみを示している。

問１　地図中㋐の経度、㋑の緯度の組合せとして正しいものを次の①～④の中から１つ選び、番号で答えなさい。

①　㋐東経１３５°　㋑北緯５０°　　②　㋐西経１３５°　㋑南緯５０°
③　㋐東経１４０°　㋑北緯４０°　　④　㋐西経１４０°　㋑南緯４０°

問２　地図中㋒～㋔の島について述べた次の文章を参考に、設問（１）～（４）に答えなさい。

㋒の島は，日本の北のはしであり北海道に所属する。長い間，日本と【１】の間で領土をめぐる問題がおきている。
㋓の島は、【２】県に所属する。㋓の島は，樹齢１０００年を超える杉を含む原生的な自然林が美しい自然景観を生み出していることなどを背景に世界遺産登録されている。
㋔の島は、【３】県に所属する。島の名称は、近海を流れる暖流の名称と同じである。海岸線には、**リアス海岸**が発達している場所もあり、しんじゅなどの養殖も有名である。

（１）文中の空欄【１】～【３】に当てはまる国名・県名をそれぞれ答えなさい。

社　会　5

（2）㋒～㋔の島名の組合せとして正しいものを、次の表①～⑥の中から１つ選び、番号で答えなさい。

	①	②	③	④	⑤	⑥
㋒	対　馬	対　馬	択捉島	択捉島	屋久島	屋久島
㋓	択捉島	屋久島	対　馬	屋久島	対　馬	択捉島
㋔	屋久島	択捉島	屋久島	対　馬	択捉島	対　馬

（3）地図中㋓の島では、島内のほとんどの電力をある発電方法に頼っていることで知られている。その発電方法に頼っている理由を、次の**資料１**や**文章１・２**を参考に説明しなさい。ただし、発電方法も解答の中に入れること。

資料１　地図中㋓の島と東京の雨温図

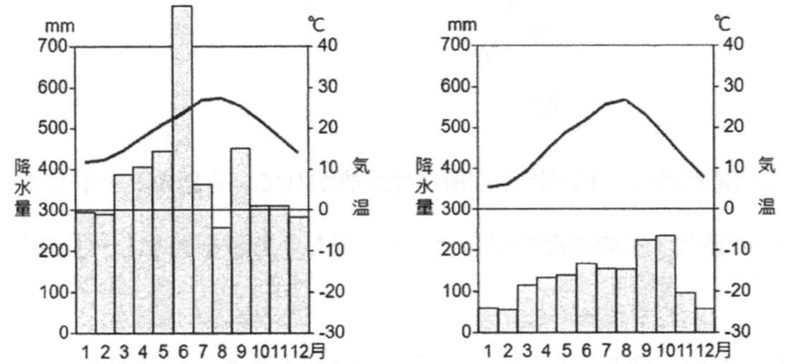

年平均気温：19.6℃　年降水量：4651.6mm　　年平均気温：15.8℃　年降水量：1598.2mm

地図中㋓の島の雨温図　　東京の雨温図

文章１（地図中㋓の島の自然環境）

地図中㋓の島は，日本百名山に数えられる宮之浦岳を筆頭に、１０００ｍ級の山々が４０以上も連なる。そのため、洋上のアルプスとも称されるほどで、それぞれの山で個性的な美しさを堪能することができる。

文章２（CO_2フリーの島づくり）

地図中㋓の島は，CO_2（二酸化炭素）を排出しない発電方法が年間発電量の約９９．８％（平成２３年度）を占めている。この特徴を活かして、家庭や自動車などにおけるCO_2排出量の削減を図るとともに，石油類を燃料源とすることなくCO_2の発生が抑制された先進的な地域づくりにつとめている。

（4）文中下線部「リアス海岸」の発達している地域として正しいものを、地図中**Ａ**～**Ｄ**の中から１つ選び、記号で答えなさい。

問3　地図中㋕〜㋗の都道府県に関する次の設問（1）〜（3）に答えなさい。

（1）次のX〜Zの雨温図は、地図中㋕〜㋗の都道府県のいずれかの統計をしめしている。X〜Zの雨温図と㋕〜㋗の都道府県の組合せとして正しいものを表①〜⑥の中から1つ選び、番号で答えなさい。

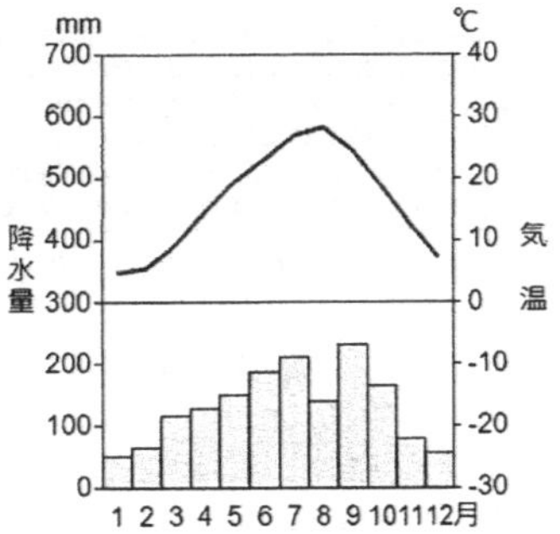

年平均気温：16.2℃　年降水量：1578.8mm
X

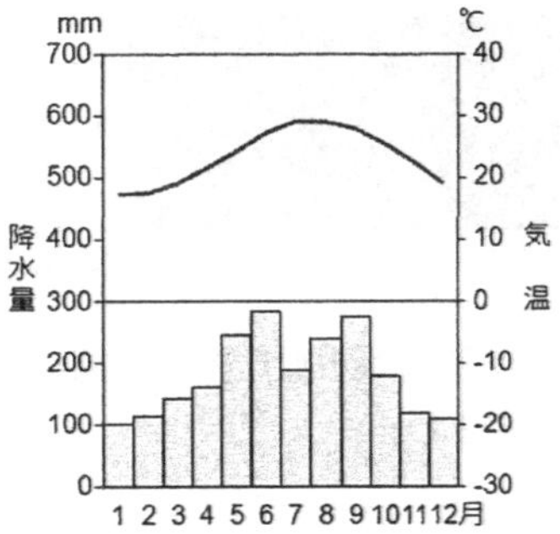

年平均気温：23.3℃　年降水量：2161.2mm
Y

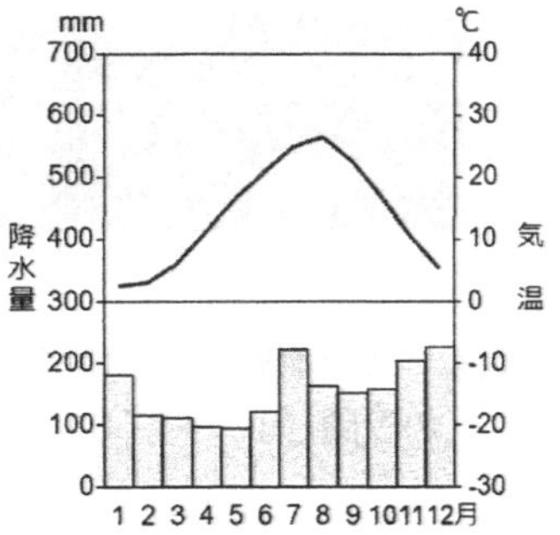

年平均気温：13.9℃　年降水量：1846.1mm
Z

	①	②	③	④	⑤	⑥
X	㋕	㋕	㋖	㋖	㋗	㋗
Y	㋖	㋗	㋕	㋗	㋕	㋖
Z	㋗	㋖	㋗	㋕	㋖	㋕

（2）次の表Ⅰ〜Ⅲは、地図中㋕〜㋗の都道府県で生産の盛んな洋なし、マンゴー、キャベツの収穫量の上位の都道府県を示している。それぞれの作物と表Ⅰ〜Ⅲの組合せとして正しいものを以下の表①〜⑥の中から1つ選び、番号で答えなさい。

表Ⅰ（単位　t）

都道府県名	収穫量
地図中㋗	1,297
宮　崎	1,097
鹿児島	402
全　国	2,923

表Ⅱ（単位　t）

都道府県名	収穫量
山　形	17,700
青　森	1,850
地図中㋕	1,670
全　国	26,900

表Ⅲ（単位　t）

都道府県名	収穫量
群　馬	276,100
地図中㋖	245,600
千　葉	124,900
全　国	1,467,000

（表Ⅰ〜Ⅲの統計は，「データでみる県勢２０２０」を参照に作成）

	①	②	③	④	⑤	⑥
表Ⅰ	洋なし	洋なし	マンゴー	マンゴー	キャベツ	キャベツ
表Ⅱ	マンゴー	キャベツ	洋なし	キャベツ	洋なし	マンゴー
表Ⅲ	キャベツ	マンゴー	キャベツ	洋なし	マンゴー	洋なし

（3）次のグラフは、地図中㋕～㋗のいずれかの都道府県の製品出荷額（２０１７年）の割合を示している。このグラフが示す都道府県を㋕～㋗の中から１つ選び、記号で答えなさい。さらに、選んだ理由を簡潔に説明しなさい。

ある都道府県の製造品出荷額の割合（%）（２０１７）

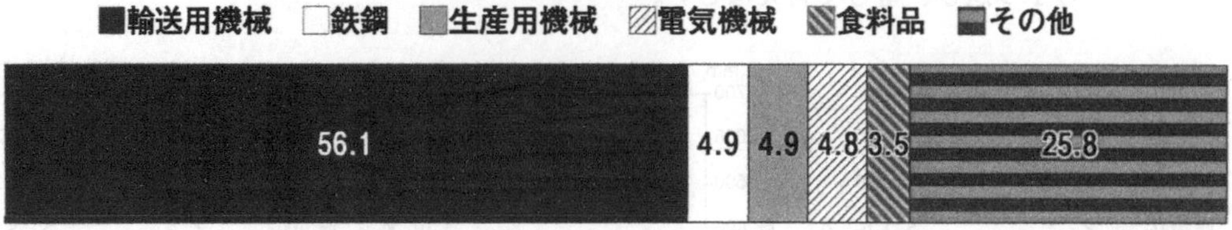

（「データでみる県勢２０２０」を参照に作成）

問４　次の地形図は、地図中㋗の都道府県の県庁所在地周辺のものである。地形図に関する以下の設問（1）～（3）に答えなさい。

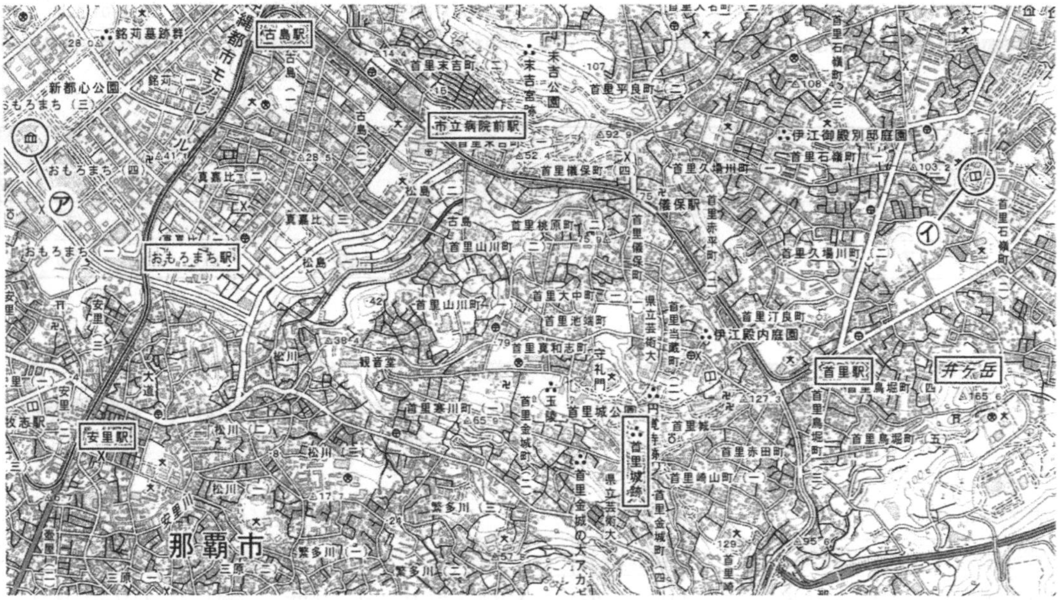

〈この地図は、国土地理院発行の２万５千分１地形図「那覇」（原寸，一部改変）を使用したものである。〉

（1）地形図中㋐・㋑の地図記号の意味を答えなさい。

（2）次の①～④の文章は、沖縄都市モノレール安里駅から首里駅まで電車で移動した際に駅や車窓から見える景色の説明をしている。文章①～④の中から内容の**誤っているもの**を1つ選び、番号で答えなさい。

① 安里駅周辺には交番はあるが警察署はない。
② おもろまち駅～古島駅間の進行方向右側には、高等学校 が見える。
③ 市立病院前駅の南口方向に病院がある。
④ 首里駅の東に見える弁ヶ岳の標高はおおよそ３００mである。

（3）首里駅と首里城跡の直線距離は地形図上でおおよそ3cm である。実際の直線距離として正しいものを次の①～④の中から1つ選び、番号で答えなさい。

① ２５０m　② ５００m　③ ７５０m　④ 1,０００m

3　サラさんたちのグループは、日本国憲法がかかげる「平和主義」について、宮崎、そして被爆地長崎でどんな取組みが行われているのか調べることにしました。調査活動の結果を次のとおりまとめました。サラさんたちのグループがまとめたものをもとに、各問いに答えなさい。

《宮崎》　「宮崎基地特攻資料展」を附属図書館にて開催

このたび、宮崎大学附属図書館にて、宮崎特攻基地慰霊祭実行委員会などの協力を得て「宮崎基地特攻資料展」を実施することとなりました。

本企画は、戦時中に学徒出陣をはじめとする多くの民間人が犠牲となった戦争を二度と繰り返すことのないよう、戦後75年を迎えた令和の時代も戦争をおこさないという大学としての強いメッセージを発信することを目的としています。

本学としましては、このような取組を通じて多くの地域の皆様方に、戦時中の宮崎の歴史を知っていただきたいと思います。

附属図書館は7/15にリニューアルオープン致しました。館内にはカフェも併設されており、学生のみならず一般の皆様もご利用いただける図書館ですので、この機会に是非お越し下さい。

（宮崎大学産学・地域連携センターＨＰ）

《長崎》　長崎原爆の日に平和の祈りを衣装に込めた初のファッションショー開催

長崎原爆の日の９日、平和を発信するファッションショーが長崎市内で初めて開かれた。長崎原爆資料館や広島、沖縄各県の平和関連施設に寄せられた千羽鶴をあしらったドレスなど、平和への祈りを込めた衣装を身にまとったモデルが、折り鶴を並べたランウエーを思い思いに歩いた。

「Pray for Peace Collection」（実行委主催）と銘打ち、千葉県のファッションデザイナー、鶴田能史さん（40）がモデル一人一人に合わせて衣装をデザインした。2019、20年には広島で開催している。

色鮮やかな折り鶴を飾り付けた衣装や、長崎に根付くキリスト教文化をイメージした衣装などを着たモデル23人が登場。ロックバンド「LUNA　SEA」「X　JAPAN」のギタリストSUGIZOさんもゲスト出演した。鶴田さんは「長崎の歴史を踏まえ、新しい平和の価値観を発信した」と語った。

市立長崎商業高２年の本多若葉さん（16）は千羽鶴をイメージしたドレスを身にまとった。「戦争では日常が崩された。新型コロナ禍で私たちも当たり前のことができなくなったが、家族や友人と何げない言葉を交わせることが幸せ」と考え、平和を柔らかい笑顔で表現した。

ショーは、スポーツや芸術を通じて平和を発信する市の「平和の文化」事業に認定された。

（長崎新聞社ＨＰ）

K 教英出版

問１　かつて日本は、長崎と広島に原爆が落とされ、多くのぎせい者を出しました。世界でただ一つの被爆国として、国際社会において平和の大切さや戦争と原爆の悲劇を繰り返さないために日本国が宣言したものは何ですか。宣言の内容も含めて、書きなさい。

問２　サラさんたちのグループは、宮崎でも長崎でも、さまざまな立場の人が、さまざまな取組みをとおして、日本国憲法が掲げる「平和主義」の意義を世界中の人に伝えようとしていることがわかりました。多くの人に「平和主義」の意義を伝えるために、あなたはどんな取組みが効果的だと考えますか。その根拠を添えて具体的に書きなさい。

令 和 4 年 度

宮崎第一中学校　入学者選抜学力検査問題

（1月5日　第4時限　11時10分～11時40分）

理　　科

（前　　期）

（注　　意）

1．「始め」の合図があるまで，このページ以外のところを見てはいけません。

2．問題用紙は，表紙を除いて7ページで，問題は3題です。

3．「始め」の合図があったら，まず解答用紙に小学校名，受験番号と氏名を記入し，次に問題用紙のページ数を調べて，欠けているページがあれば申し出なさい。

4．答えは，必ず解答用紙の答えの欄《らん》に記入しなさい。

5．印刷がはっきりしなくて読めないときは，しずかに手をあげなさい。問題内容や答案作成上の質問は認めません。

6．「やめ」の合図があったら，すぐに鉛筆をおき，問題用紙と解答用紙を別にし，裏返しにして，机の上におきなさい。

問題用紙は持ち帰ってかまいません。

理　科　1

1　下のグラフは，10℃・30℃・60℃の温度の水50mLに，食塩とミョウバンがとける量を表しています。以下の（1）～（4）の問いに答えなさい。

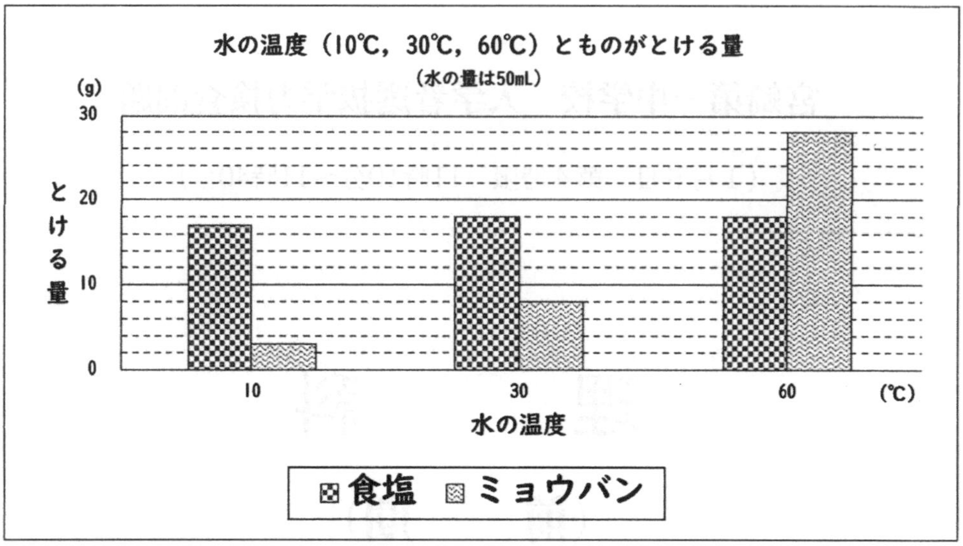

⑴　食塩とミョウバンがそれぞれ15gあります。30℃の水50mLに別々にとかし，よくかき混ぜると，片方は全てとけ，片方はとけ残りができました。とけ残りがあるのは，食塩とミョウバンのどちらか答えなさい。

⑵　⑴でとけ残ったものを，すべてとかすためにはどうすればよいでしょうか。方法を２つ書きなさい。

⑶　60℃の水100mLに，ミョウバンをとけるだけとかしたとき，何ｇのミョウバンがとけるか答えなさい。

⑷　⑶の水よう液を10℃まで冷やしました。出てきたミョウバンをろ過すると，何ｇのミョウバンのつぶを取り出せるか答えなさい。

2　次の問いに答えなさい。

⑴　豆電球の電気用図記号を書きなさい。

	豆電球	かん電池	スイッチ	モーター
記号				

⑵　同じ豆電球２個, スイッチ１個, かん電池１個, 導線を使い, 下のような回路をつくりました。この回路図をかきなさい。

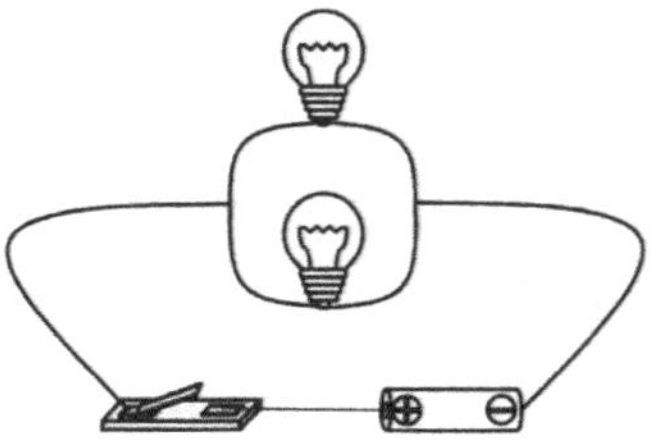

⑶　同じかん電池, 豆電球, スイッチを下のようにつなげ, スイッチを入れました。これについて, 次の①～③の問いに答えなさい。

①豆電球**ア**と同じ明るさの豆電球を，豆電球**イ～カ**の中からすべて選びなさい。

②豆電球**ア～カ**の中で，もっとも明るく光る豆電球をすべて選びなさい。

③豆電球**ア～カ**の中で，もっとも長く光っていられる豆電球をすべて選びなさい。

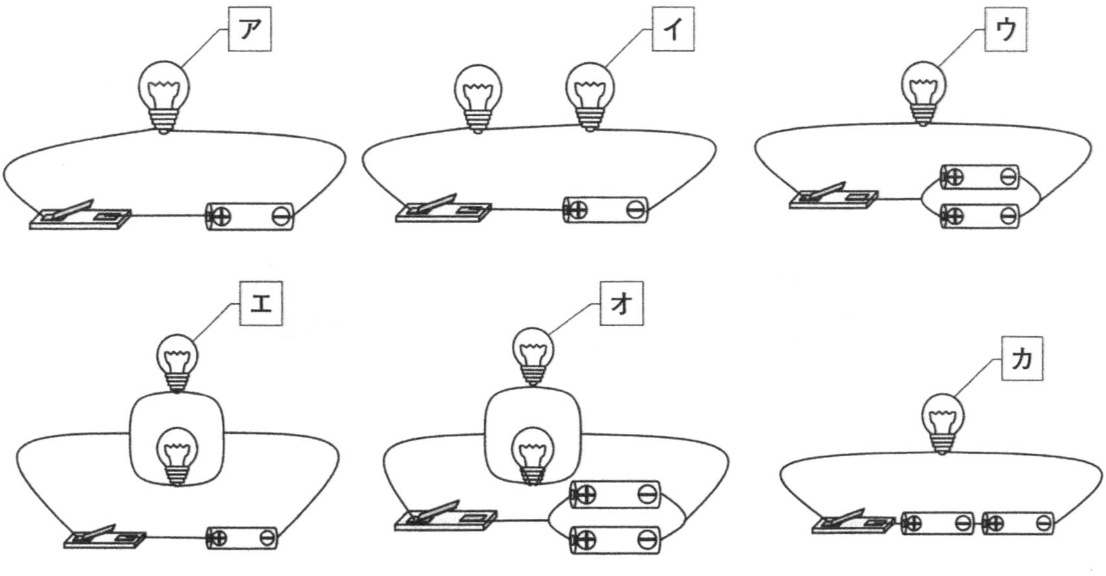

理　科　3

3　次の月や太陽の動きに関する文章を読み，後の問いに答えなさい。

月は太陽と同じように１日の間に東側の空からのぼり，南側の空を通って，西側の空にしずむように動いて見えます。今から約４００年前までは，地球は動かず，月やその他の星が地球の周りを回っていると考えられていました。しかし，コペルニクスらによってそれが否定され，星の動きには地球の動きが関係していることが明らかになりました。(1)１日の間に見られる月や太陽の動きは，地球が自ら回転する『地球の自転《じてん》』によって起きます。地球の自転を地球儀《ぎ》で表すと，図１の矢印のようになります。

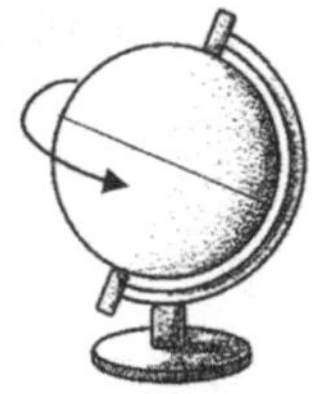

図１　地球儀で表した地球の自転

月は衛星《えいせい》と呼ばれる星の一つで，太陽の光を受けてかがやいて見えます。地球から見た月は，日ごとに見かけの形が変化していくことが知られています。これは月が地球の周りを回る，『月の公転《こうてん》』によるものです。図２と図３は，月が公転する様子を表したもので，●は地球，◎は月を表しており，点線と点線上の矢印は月が公転する場所と方向を表しています。また，図２は地球と月を地球の北極側から，図３は地球と月を地球の赤道が見える位置（地球の側面）から見たものです。図２，３の北半球の観察地点Ⅰ，Ⅱから伸びている矢印は南の空の方向を指しています。南の方角は，地球の南極に最短で向かう方向を指しますが，(2)地球が自転することで，観察者の位置が変化するため，南の空に見える星は時間が経つごとに西の方角に動いていくように見えます。図２，３の場合，Ⅰからは南の空に月が見えます。図４は，図２，３のとき，Ⅰから矢印の方向の空を見たときの様子を表しています。南の空に見えている月は，この後地球が自転することで西の空へと移動していきます。

(3)太陽は恒星《こうせい》と呼ばれる星の一つで，高温で自ら強い光を放っているため，どの場所から見ても丸く見えます。太陽は，地球から月のきょりよりも，地球から遠くはなれたところにあり，かなり大きい星です。地球は太陽を中心として，円をえがくようにして，反時計回りに太陽の周りを回る『地球の公転』をしています。図５は地球が公転する様子を表したもので，●は地球，○は太陽を表しています。点線と点線上の矢印は地球が公転する場所と方向を表しており，地球が図５の位置にあるとき，北半球の季節は夏です。

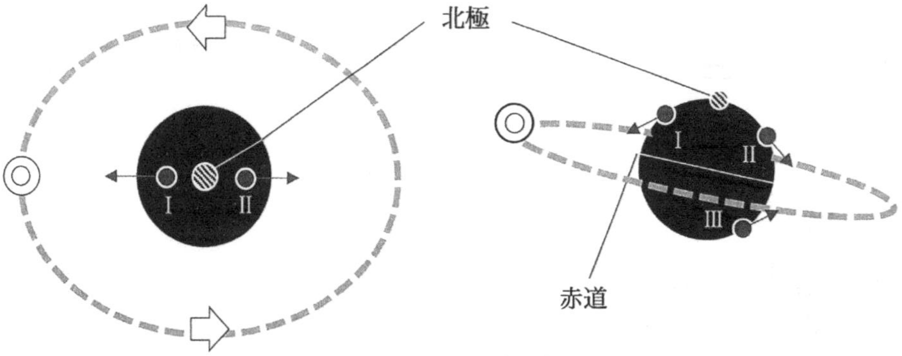

図２　北極側から見た月の公転　　　図３　地球の側面から見た月の公転

（令和四年度）

国語解答用紙

（前期用）

合計

※100点満点
（配点非公表）

学校名　　小学校

受験番号

氏名

㊟ 合計欄《らん》・小計欄には何も記入しないで下さい。

小計

一

問一	問二	問三	問四	問五	問六
A	a	〜		(1)	
B	b	こと。		(2)	
C	c			(3)	
	d			(4)	

問一	問二
A	
B	

4

(1)		(2)	cm^2	(3)	cm^2
(4)	毎秒　　cm	(5)	秒後		

※ 小計

5

※ 小計

※ 合計

問2(3)			

問2(4)	問3(1)	問3(2)

問3(3)	
(記号)	(説明)

問4(1)		問4(2)	問4(3)
㋐	㋑		

小計	

3

問1
問2

小計	

(3)③

小計	

3

(1)	(2)	
	a	b

(3)

(4)		
①	いつ見ても月は、	
②	a	b

(5)		

小計	

（令和４年度）理　科　解　答　用　紙（前　期　用）

学　校　名	小学校	受験番号		氏　名	

㊟　合計欄・小計欄は何も記入しないで下さい。

合計	※50点満点 （配点非公表）

1

(1)	(2)	
(3)	(4)	

小計	

2

(1)	(2)	(3)①

【解答

（令和4年度） 社　会　解　答　用　紙 （前期用）

学校名	小学校	受験番号		氏 名	

(※)合計欄は記入しないで下さい。

(※)解答は指定されたところ以外、漢字でもひらがなでもかまいません。

合計	※50点満点 （配点非公表）

1

問1	問2

問3	問4	問5

問6(1)		問6(2)	
【1】	【2】	X　・	Y　・

問7(1)	問7(2)	問8

問9	問10

小計	

【解答用

2

問1	問2(1)	問2(2)

（令和４年度）算　数　解　答　用　紙（前　期　用）

学校名	小学校	受験番号		氏　名	

〔注意〕　①　答えを分数で書くときは，約分した形で書きなさい。
　　　　　②　円周率は，3.14 とします。

※　合計欄・小計欄には何も記入しないで下さい。

合計	※100点満点（配点非公表）

1

(1)		(2)		(3)		(4)		(5)	

※

小計	

2

(1)	本できて，　　ℓ残る	(2)	人	(3)	
(4)	回	(5)	時間　　分	(6)	

※

小計	

【解答用

小　計

二

問四

問五

問六

小　計

三

問一

①

②

③

④

⑤

⑥

問二

① ぶ

② しい

③ ちに

④

⑤

問三

① ↓ ↓ ↓

② ↓ ↓ ↓

問四

① ↓ ↓

② ↓ ↓

③ ↓ ↓

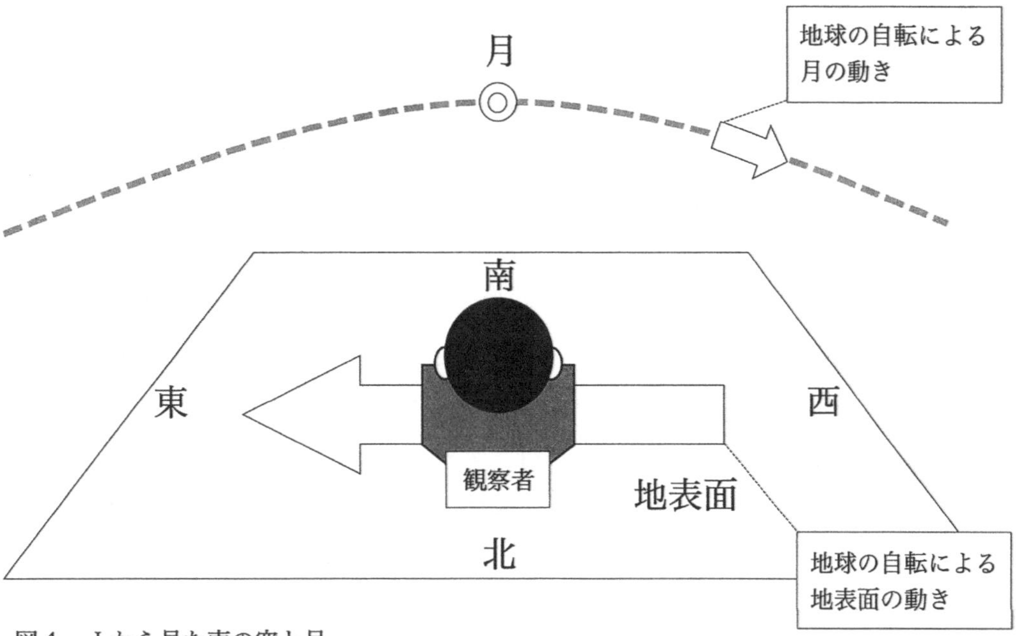

図４　Ｉから見た南の空と月

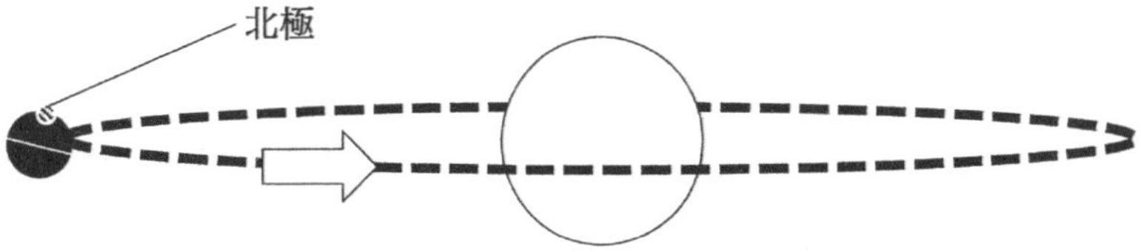

図５　地球の側面から見た地球の公転

理　科　5

(1)　下線部（1）について，地球の自転は，北極と地球の中心と南極を結ぶ線を軸《じく》として回転する動きです。下の図は，北極側から見たときの地球と太陽の様子を表しています。地球の自転を表す矢印として，適当なものを**ア〜エ**から選び，記号で答えなさい。なお，○は太陽，●は地球を表し，点線と点線上の矢印は地球が太陽の周りを回る『地球の公転』とその方向を表しています。

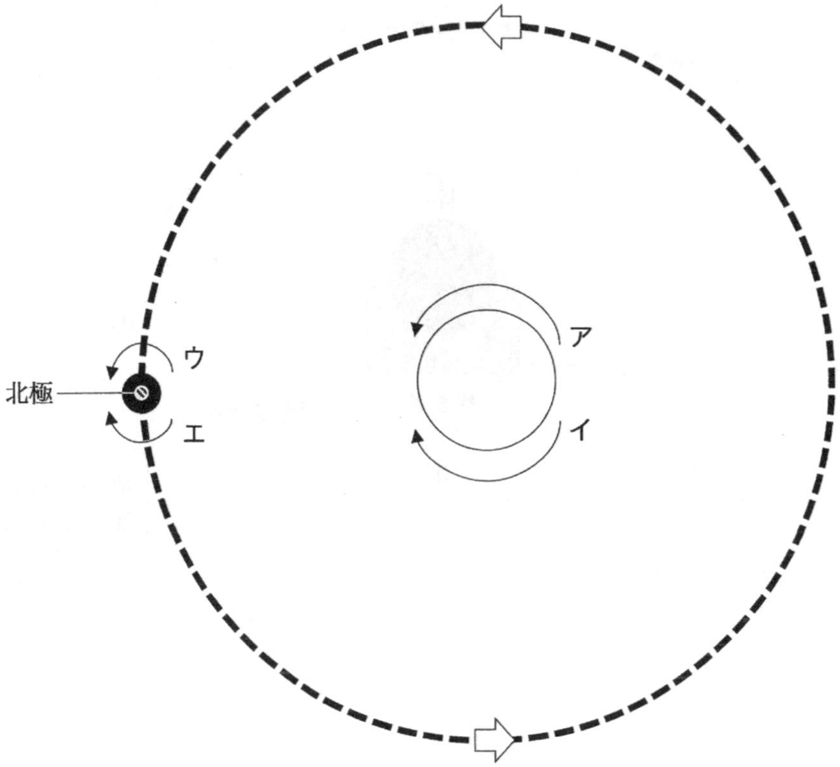

(2)　下線部（2）について，図3のⅢの地点で矢印の方向の空（北の空）の観察を行うと，この後，月は地球の自転によって，どのように動いて見えますか。次の文章の空らんに北，南，東，西のいずれかをあてはめなさい。

月は（a）側の空からのぼり，北側の空を通って，（b）側の空にしずむように動いて見える。

(3)　下線部（3）について，太陽が大きく欠けた形に見えることがあります。この現象が起きるのはどのような時ですか。［　C　］に入る表現を答えなさい。なお，空らん（A），（B）には月か地球のどちらかが入るものとします。

太陽，（A），（B）の順で［　　C　　］ときに起きる。

(4) 地球，月の自転や公転は一定の速度で起きており，一周するのにかかる時間はそれぞれ自転周期《しゅうき》，公転周期《しゅうき》といいます。以下の問いに答えなさい。

①月は地球と同じような自転を行っており，月の自転周期と公転周期が同じであることは有名です。この事実は，月が自転と公転をしていることを知ったうえで，毎日，月を観察すれば確かめられます。どのような観察結果から確かめられますか，『いつ見ても月は』に続けて答えなさい。

②月の満ち欠けは月の公転によって起きますが，月の満ち欠けの周期（満月になって，次の満月になるまでにかかる時間，約２９．５日）と月の公転周期は異なることが知られています。なぜ異なるのか，考えられる理由について説明するため，下の図を作成しました。図を参考にしながら，周期が異なる理由について説明した，下の文章中の空らんにあてはまる言葉を，**ア～エ**からそれぞれ選び記号で答えなさい。

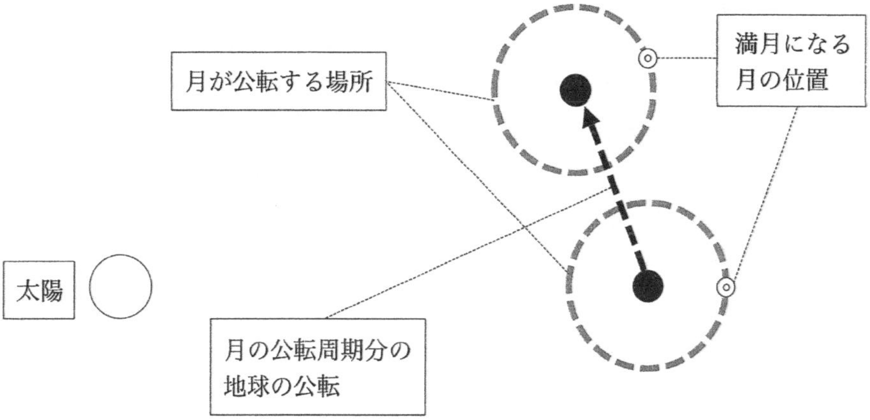

地球は太陽の周りを公転しているため，上の図のように月の公転周期分の地球の公転が行われると，月は，満月から次の満月になるまで，より長く（ａ）をしなければならない。そのため，公転周期よりも満ち欠けの周期が（ｂ）くなる。

ア 自転	イ 公転	ウ 長	エ 短

(5) 次の文章は宮崎市に住む，るりさんとふうまさんの自宅での会話です。会話文を読み，適当だと考えられる文章をア～ケから３つ選び，記号で答えなさい。ただし，月が地球のかげにかくれることはないものとします。なお，ある地球の観察地点が，地球の自転によって太陽に最も近づく時間帯は『真昼』，最もはなれる時間帯は『真夜中』とします。

ふうまさん 「もうこんな時間！オリンピックのビーチバレーの試合の録画を観ていたら，あっという間に真夜中だ。」

るりさん 「試合があった日はキャンプの１週間前だったよね。ふうまはキャンプの準備がいそがしかったものね。真昼にビーチで試合なんて，すごく暑そう…。それより，ふうま！見て！月がきれい！」

ふうまさん 「月？夏にしては，今日は空気がすんでいるからね。…確かに、くっきり大きく見えるね。月以外の星もたくさん見えるね。」

るりさん 「今，月は真南の空にあるけど，地球が自転という動きをしているから，この後少しずつ西の空に移動するように見えるはずだよ。」

ふうまさん 「月は動かないの？」

るりさん 「月も動くよ！月の形って日が経つごとに変化するよね。例えば，三日月は日が経つごとに，どんどん大きくふくらむようにして，満月になっていくでしょ。これは月が地球の周りを動くことで，起きる現象なんだよ。」

ふうまさん 「そうなんだね。ビーチバレーの録画には三日月が映っていたよ。キャンプの時は，くもっていて月がよく見えなかったなぁ…。それにしても，本当に今日の月は金色で…，格別にかがやいているね！」

ア 試合の録画に月とともに映ったビーチバレーのボールは，太陽によって，半月になるように照らされていた。

イ ビーチバレーの試合の画面に映りこんだ月は，東側の空にあった。

ウ キャンプ当日の月は新月だった。

エ 試合の録画を見た次の日は，真昼の時間に半月を見ることができる。

オ ふうまさんとるりさんがいっしょに見た月は，金色にかがやく満月だった。

カ この次の年の夏，宮崎市で北の空に満月を見ることができる。

キ キャンプの準備をした日の三日月は，地球上の月が見えている場所からであれば，どこから見ても三日月である。

ク ビーチバレーの試合の日から，ふうまさんとるりさんがいっしょに月を見た日まで，一か月経ってないとすると，何日前にキャンプが行われたのか，予想ができる。

ケ ふうまさんとるりさんが見た月は，スーパームーンと呼ばれる，とても大きく見える月だった。

令 和 3 年 度

宮崎第一中学校　入学者選抜学力検査問題

（1月9日　第1時限　8時30分～9時20分）

国　　語

（前　　期）

（注　　意）

1．「始め」の合図があるまで，このページ以外のところを見てはいけません。
2．問題用紙は，表紙を除いて8ページで，問題は3題です。
3．「始め」の合図があったら，まず解答用紙に小学校名，受験番号と氏名を記入し，次に問題用紙のページ数を調べて，欠けているページがあれば申し出なさい。
4．答えは，必ず解答用紙の答えの欄《らん》に記入しなさい。
5．印刷がはっきりしなくて読めないときは，だまって手をあげなさい。問題内容や答案作成上の質問は認めません。
6．「やめ」の合図があったら，すぐ鉛筆をおき，問題用紙と解答用紙を別にし，裏返しにして，机の上におきなさい。

問題用紙は持ち帰ってかまいません。

2021(R3) 宮崎第一中
教英出版

国語　1

一　次の文章を読んで、あとの問いに答えなさい。（作問の都合上、一部改変があります。）

驚《おどろ》くべきことに、シマウマの赤ちゃんは生まれて数時間で立ち上がり、しばらくすると、飛び回ったり、走ったりするようになる。

人間の赤ちゃんが立ち上がってヨチヨチ歩きをするのに一年程度かかることと比べると、驚異《きょうい》的《てき》なAハヤさである。★ 1

こんなにもAハヤく立ち上がるのは、立ち上がって走らなければ生きていけないからである。

生まれたばかりの赤ちゃんだからといって、ライオンのような肉食獣《じゅう》がaテカゲンしてくれるわけではない。［　X　］、ちょうどよい獲物《えもの》を見つけたとばかりに、生まれたてのシマウマに狙《ねら》いを定めて襲《おそ》ってくる。

生まれたシマウマのうち、ほとんどのものが、大人になるまでに肉食獣の※餌食《えじき》になってしまう。幸いにも逃《に》げ延びたものだけが生き残っていくのだ。★ 2

もちろん、大人になったからといって安心はできない。

少しでも注意を※怠《おこた》ったものは肉食動物の餌食になる。一瞬《いっしゅん》のbユダンが命取りとなるのだ。そして、少しでも足の遅《おそ》いものは、逃げ遅《おく》れて、食われていく。

より注意深く、より足のBハヤいものだけが生き残ることができるのだ。★ 3

人間は、遠い未来にどのような進化を遂《と》げるかが語られることがある。頭脳が発達し頭でっかちになったり、運動をしないので、手足が細くなったりする。

しかし、①そのような進化が起こることは、まずないだろう。

わずかでもその環境《かんきょう》に適したものが生き残り、わずかでも適さなかったものは滅《ほろ》びてゆく。この※適者生存が進化の※原動力である。

頭の大きいものが生き残り、頭の小さいものは死に絶えてゆくという※過酷《かこく》な時代になれば、もしかすると人間の頭は巨大《きょだい》化していくかもしれない。しかし、人間の世界はそうではない。過酷な生存競争があって初めて、進化は引き起こされるのだ。★ 4

②シマウマの世界に「※老衰《ろうすい》」という言葉はない。

走力に秀《ひい》でたシマウマはライオンにcカンタンに狩《か》られることはないが、年齢《ねんれい》を重ね、少しでも走る能力が劣《おと》ったり体調を崩《くず》したりすれば、ライオンの格好の餌食にされてしまう。

シマウマにとって※安楽な死はない。

ライオンは倒《たお》したシマウマにとどめを刺《さ》すが、息のあるまま食べてしまうこともある。ライオンに襲われたシマウマは何とか体を動かそうとするが、ライオンは生きたままやわらかい内臓から食べていくのである。

幸運にもライオンに襲われなかったとしても、病気やケガで弱ったシマウマのまわりには、ハゲタカたちが集まってくることだろう。

シマウマが死ぬのを待ちきれないハゲタカたちは、まだ息のあるシマウマの肉をついばみ始める。ハゲタカたちが一斉《いっせい》に襲いかかれば、シマウマの巨大な体は瞬《またた》く間に骨だけになってしまう。

どう転んでも、最後は食われて死ぬ。それがシマウマの生き方である。

シマウマは動物園での寿命《じゅみょう》は三〇年程度と言われるが、野生条件での寿命ははっきりとはわからない。シマウマに老衰はない。その前に食べられてしまうからだ。

「天寿を全《まっと》うする」

そんな幸せな死は、シマウマの世界にはないのだ。

（稲垣栄洋『生き物の死にざま』より）

［注］
※餌食……ねらわれてぎせいになるもの。
※適者生存……環境に最も適した生物だけが生き残ることができるということ。
※原動力……ものごとの活動をおこす力。
※老衰……年をとって心や体がおとろえること。
※怠る……なまける。
※過酷……あまりにも厳しくてひどいさま。
※安楽……心も体も安らかで楽しいこと。

問一 ＝＝a～cのカタカナを漢字に直しなさい。

問二 〰〰A「ハヤ」（二か所）・〰〰B「ハヤ」をそれぞれ漢字に直したときの正しい組み合わせを次から選び、記号で答えなさい。

ア A…早・B…早　**イ** A…早・B…速　**ウ** A…速・B…早　**エ** A…速・B…速

問三 [X] に当てはまる言葉として最も適切なものを次から選び、記号で答えなさい。

ア しかし　**イ** むしろ　**ウ** したがって　**エ** たとえば

問四 この文章には次の一文がぬけています。本文中の★[1]～★[4]のどこに入りますか。★[1]～★[4]の数字で答えなさい。

【こうして、シマウマは進化を遂《と》げてきた。】

問五 ――①「そのような進化」とは何ですか。「～という進化。」に続くように五十字以内で書きなさい。

問六 ――②「シマウマの世界に『老衰』という言葉はない。」とありますが、なぜそう言えるのですか。「寿命」という言葉を使ってわかりやすく説明しなさい。

問七 次のア～オのなかで、本文の内容として正しいものには○を、そうでないものには×をつけなさい。ただし、すべてを○、あるいは×にしたものは解答として認めません。

ア 生まれた子どものシマウマのうち、半数以上は生き延びるが、それ以外はライオンなどに食べられる。
イ 完全にその環境に適したものだけが生き残り、わずかでも適さなかったものはすべて滅びてゆく。
ウ ライオンやハゲタカは、シマウマがまだ生きているうちにその肉や内臓を食べ始めることがある。
エ 病気がうつることを防ぐため、ライオンやハゲタカは病気やケガで弱ったシマウマを食べない。
オ 野生のシマウマは寿命が尽きるまでに他の動物に食べられてしまうので、正確な寿命がわかっていない。

二 次の文章を読んで、あとの問いに答えなさい。（作問の都合上、一部改変があります。）

中華《ちゅうか》料理店「戸村飯店」の長男であるヘイスケは、高校を卒業し、東京で一人暮らしをしている。アルバイト先のカフェで調理を任されるようになり、昔のことを思い返している。

小学校一年生のとき、親父《おやじ》が俺《おれ》と①コウスケに包丁を持たせたことがあった。

「二人とも、※厨房《ちゅうぼう》に来い」

親父にそう言われたとき、「ついにこのときが来た」と、俺はぞくっとした。親父に試《ため》される日が来たのだ。A物心ついたときから俺は器用だった。それはお袋《ふくろ》も親父も認めていて、ヘイスケは何をさせてもうまくこなすと言われていたし、指先だけは父《とう》ちゃんに似ているとも言われていた。

小さいながらに、「②期待にこたえたい」そう思った。親父にいいところを見せたい。少なくともコウスケに負けてはいけない。コウスケはやんちゃで粗雑《そざつ》でいいかげんな奴《やつ》だった。やることは早いけど、ミスも多い。包丁を持つなんてとんでもない。

親父は俺とコウスケに包丁を渡《わた》した。俺に渡されたのは、親父がB使い込《こ》んでいる包丁だった。俺は③手が震《ふる》えた。想像してたよりずっと包丁は重かった。あのずっしりした感触《かんしょく》はいまだに手のひらに残っている。何年もたった今でも、初めてのことをするときはあのときの景色《けしき》が必ず浮《う》かぶ。

コウスケはなんの迷いもなく包丁を動かし、でたらめにジャガイモを切り始めた。後《おく》れを取っちゃいけない。大丈夫《だいじょうぶ》だ。俺はふうっと息を吐《は》いた。なかなか震えが止まらないのに、慌《あわ》てて包丁を動かそうとしたのがまずかった。ジャガイモに刃《は》を当てたとたん、俺は手を滑《すべ》らして、指先を切った。ジャガイモに赤い血が流れた。切り傷は深く、血はどくどくと止まらなかった。お袋がすぐに救急箱を取りに行った。

コウスケは機嫌《きげん》良くジャガイモを刻んでいた。ジャガイモは見るも無残な姿になったけど、親父は笑いながら、

「ほんまにお前はできんやつや」

と、コウスケの頭を叩《たた》いた。

俺はお袋に指を手当てされながら、その様子をただ見ていた。親父は俺には何も言わなかった。

もう一度、チャンスはあった。俺はひそかに練習をした。親父は俺に期待しているのだ。コウスケではない、兄貴である俺にだ。今度はミスは許されない。親父は失敗を叱《しか》りはしないけど、何度も同じことを繰《く》り返すのは嫌《きら》う。親父の前以外では包丁は持たせてもらえなかったから、俺はカッターで消しゴムを切って何度も練習した。

二度目、前と同じように親父は包丁とジャガイモを俺たちに渡した。俺に渡されたのは、前と同じ親父が使い込んでいる包丁。やっぱりずっしりと重い。今度は焦《あせ》らず、俺はコウスケの動きをじっと見た。ゆっくりさえやれば、ジャガイモを切るのは難しいことではない。コウスケは前と変わらず、でたらめにジャガイモを切った。一度目となんら変わっていない。何一つ上達していない。ご陽気に皮をむき終え、「アチョー」とわけのわからない奇声《きせい》を上げながら、ジャガイモをみじん切りにした。親父は、「食い物で遊ぶな」と、コウスケを殴《なぐ》った。でも、その顔には笑《え》みが漏《も》れていた。

「ほら、ヘイスケも切ってみろ」

俺は小さくうなずいて、包丁を構えた。今度は大丈夫だ。何度も何度も練習したのだ。俺はそう言い聞かせてから、包丁を動かした。ところが、結果は同じだった。また失敗をしたのだ。手が滑って、指先を切った。包丁がジャガイモの上を滑り、勢いが余って左の親指を切った。ジャガイモは消しゴムみたいに四角じゃないし、包丁はカッターみたいに小さくなかった。

それでも前回より上達していたのか、切り口は小さく血は少ししか出なかった。でも、④目からは涙《なみだ》がぼろぼろ出た。

「大げさなやつや。そんなに嫌《いや》ならやらんでええ」

短気な親父はそう言った。泣いているのは、嫌だからじゃない。痛いからじゃない。そう言おうとしたけど、何も言えなかった。

「兄ちゃん泣くなやあ。にんじんが笑っとるど」

コウスケは包丁を持つのを面白《おもしろ》がって、ジャガイモだけじゃなく、にんじんやキャベツも切って見せた。親父もお袋もそんなコウスケに X の目を向けていた。

それ以来、俺は戸村飯店の厨房には入っていない。

（瀬尾まいこ『戸村飯店 青春１００連発』文春文庫刊より）

［注］ ※厨房……調理場。

問一 ——A・Bの意味として最も適切なものを次から選び、それぞれ記号で答えなさい。

A 物心ついたとき
ア 周囲の物の価値に気づき始めたころ
イ 生まれてまだ間もない赤ちゃんのころ
ウ 世の中のことが何となくわかってきたころ
エ まわりにいる人たちと心が通じ始めたころ

B 使い込んでいる
ア 具合がよくなるまで使いならしている
イ 長い期間使ってぼろぼろになっている
ウ だれにとっても使いやすくなっている
エ 持ちやすくて作りがしっかりしている

問二 ——①「コウスケ」とありますが、「俺」は「コウスケ」の性格をどのようにとらえていますか。本文から十三字で探し、最初の五字を答えなさい。

問三 ——②「期待にこたえたい」とありますが、「俺」が「コウスケ」ではなく自分に期待がかかっていると考えるのはなぜですか。本文の言葉を使って説明しなさい。

問四 ――③「手が震えた。」とありますが、このときの「俺」の心情として最も適切なものを次から選び、記号で答えなさい。

ア コウスケよりもうまくできる自信がなくて、逃《に》げ出したくなっている。
イ 父親からの期待の大きさを感じ、失敗してはいけないと緊張《きんちょう》している。
ウ これまでに包丁を持ったことがなくて、その重さに恐怖《きょうふ》を感じている。
エ あこがれていた父の包丁を持つことができ、うれしくて興奮している。

問五 ――④「目からは涙がぼろぼろ出た。」とありますが、「俺」が泣いた理由を三十字以内で説明しなさい。

問六 [X] に当てはまる言葉として最も適切なものを次から選び、記号で答えなさい。

ア 好奇　　イ 敵意　　ウ 尊敬　　エ 好意

三 次の問いに答えなさい。

問一 次の――部のカタカナを漢字に直しなさい。

① 病気がカイホウに向かう。 ② 学校をカイホウする。 ③ カイホウ感を味わう。

④ キカン支炎《えん》になる。 ⑤ 呼吸キカンの働き。 ⑥ 世界保健キカン。

⑦ コウエンの遊具。 ⑧ コンサートの追加コウエン。 ⑨ 学校でコウエン会が開かれる。

問二 次の――部の漢字の読みをひらがなで答えなさい。

① 田んぼを耕す。 ② 群れを率いる。 ③ 敵の背後に回る。 ④ 手間を省く。 ⑤ 友人の車に便乗する。

問三 次の慣用表現の□に入る語を、あとの語群からそれぞれ選び、記号で答えなさい。

① □も食わない（だれも相手にしない）

② □につままれる（何が何だかわからずぼんやりすること）

③ 借りてきた□（いつもとちがって非常におとなしい様子）

④ 泣きっ面《つら》に□（困っている上に困ったことが重なること）

【語群】

ア 蜂《はち》 イ 魚 ウ 鳥 エ 狐《きつね》 オ 猫《ねこ》

カ 犬 キ 虎《とら》 ク 牛 ケ 豚《ぶた》 コ 象

令 和 3 年 度

宮崎第一中学校　入学者選抜学力検査問題

（1月9日　第2時限　9時30分～10時20分）

算　　数

（前　　期）

（注　　意）

1.「始め」の合図があるまで，このページ以外のところを見てはいけません。
2. 問題用紙は，表紙を除いて5ページで，問題は5題です。
3.「始め」の合図があったら，まず解答用紙に小学校名，受験番号と氏名を記入し，次に問題用紙のページ数を調べて，欠けているページがあれば申し出なさい。
4. 答えは，必ず解答用紙の答えの欄《らん》に記入しなさい。
5. 印刷がはっきりしなくて読めないときは，だまって手をあげなさい。問題内容や答案作成上の質問は認めません。
6.「やめ」の合図があったら，すぐ鉛筆をおき，問題用紙と解答用紙を別にし，裏返しにして，机の上におきなさい。

問題用紙は持ち帰ってかまいません。

1 次の計算をしなさい。

(1) $402-238$

(2) 375×24

(3) $8-2.5-10\div4\times2$

(4) $1+3+5+7+9+11+13+15+17+19+21$

(5) $4\frac{5}{12}-\frac{1}{4}+0.25\div\frac{3}{4}$

(6) $(2.4\times1.5)\div(0.5\times1.8)$

(7) $2.8\times0.7+1.4\times0.7-0.7\times0.8+3.6\times0.7$

(8) $14+6\times(12-4\div4)-45\div5\times3$

(9) $\frac{1}{2\times3}+\frac{1}{3\times4}+\frac{1}{4\times5}+\frac{1}{5\times6}$

(10) $1+\cfrac{1}{1+\cfrac{1}{1+1}}$

算 数 2

2 次の各問いに答えなさい。

(1) 0を1個，4を1個，5を2個，9を1個使って5けたの整数を作るとき，5万にいちばん近い数を求めなさい。

(2) 次の計算をしたとき，十の位の数字を求めなさい。
$1 \times 2 \times 3 \times 4 \times 5 \times 6 \times 7 \times 8 \times 9 \times 10$

(3) 1から60までの整数の中で，3の倍数でも4の倍数でもない数の個数を求めなさい。

(4) 同じ種類の厚紙で2つの形A，Bを作りました。Aの面積は150㎠でBの面積は0.06㎡でした。Aの重さが6gのとき，Bの重さは何gか求めなさい。

(5) 120㎞はなれた2地点を自動車で往復しました。行きは時速60㎞，帰りは時速40㎞で走ると，平均して時速何㎞で走ったことになりますか。

(6) 4人の生徒で教室の清掃をすることになりました。1人目は教室の$\frac{1}{3}$を清掃し，2人目は残りの$\frac{1}{4}$を清掃し，3人目は2人が清掃した残りの$\frac{1}{5}$を清掃しました。4人目の生徒が行う清掃は教室全体のどのくらいになりますか。割合を求めなさい。

(7) 次の図で，色がぬられた部分の面積を求めなさい。

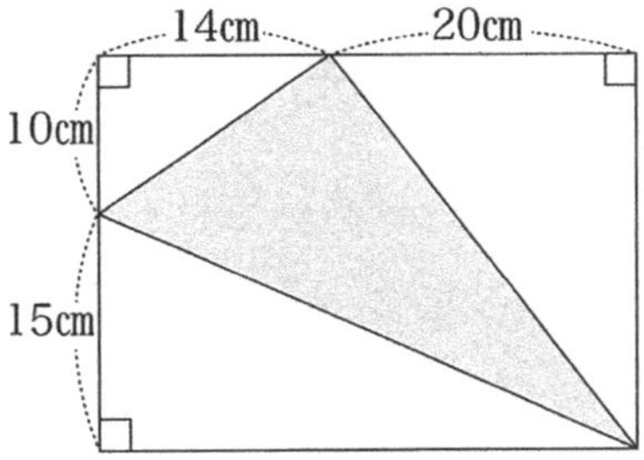

3　下の図のような直方体の容器に，水が５㎝の深さまで入っている。そこに，１辺が２㎝の立方体のブロックを１個ずつ入れていく。このとき，次の問いに答えなさい。ただし，容器の厚さは考えないものとする。

(1)　直方体の容器の体積を求めなさい。

(2)　ブロックを１個入れるごとに，水の高さは何㎝ずつ高くなるか求めなさい。

(3)　**※学校当局により問題削除**

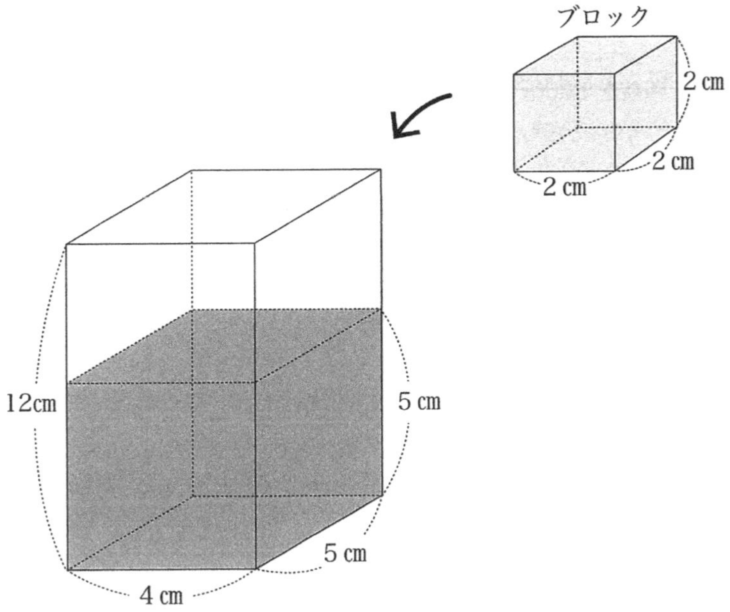

算 数 4

4 Aさんは3日間行われるフリーマーケットに参加することにしました。
1日目，ある商品を1個400円で50個仕入れ，25%の利益を見込んで定価をつけて売り出したところ，全部売れました。そこで，2日目にも同じ商品を1個400円で50個仕入れたところ，2日目は朝から雨が降っていたため，1日目につけた定価の30円引きで売りましたが，15個売れ残りました。このとき，次の問いに答えなさい。

(1) 1日目に得た利益はいくらですか。

(2) 2日間で売れた商品の総額はいくらですか。

(3) 3日間で得た利益を8000円以上にするには，3日目に残りの商品を1個いくら以上で売ればよいでしょうか。ただし，3日目には新しく商品は仕入れず，2日目に売れ残った商品がすべて売り切れるものとします。

5 次の問いに答えなさい。

(1) 半径が１cmの円が２つあります。下の図のように，外側の円が内側の円のまわりをすべらずに時計回りに回転しながら１周動き，もとの位置にもどります。このとき，外側の円は何回転しますか。

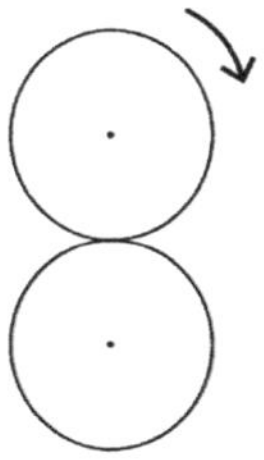

(2) 半径４cmの円を①，半径５cmの円を②とします。下の図の①の円が②の円のまわりをすべらずに時計回りに回転しながら１周動き，もとの位置にもどります。このとき，①の円がどのような方向で停止しているのか，下の図(ア)〜(オ)から選び，記号で答えなさい。また，その理由を述べなさい。

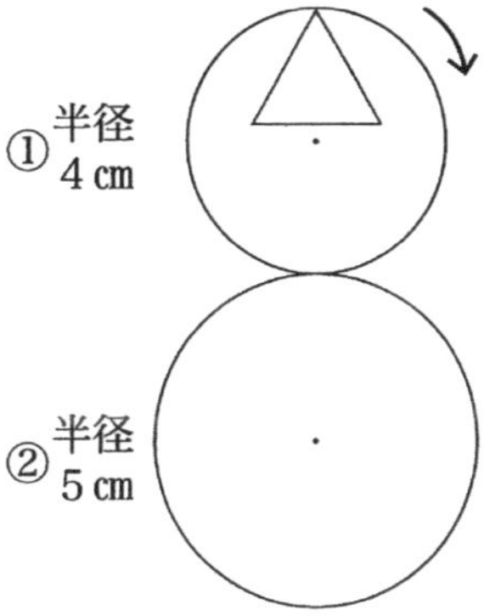

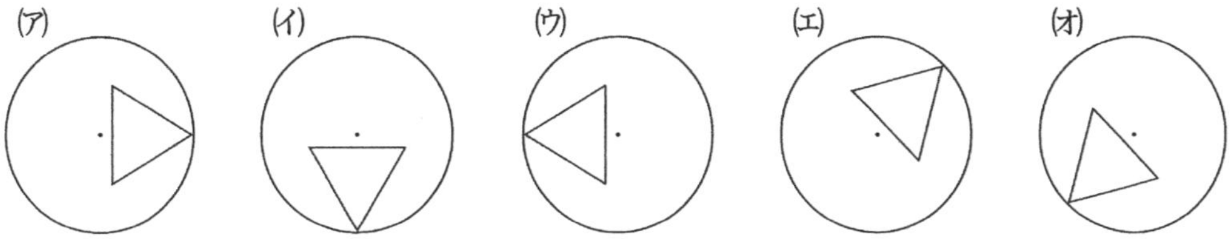

令 和 3 年 度

宮崎第一中学校　入学者選抜学力検査問題

（1月9日　第3時限　10時30分～11時00分）

社　　会

（前　　期）

（注　　意）

1 「始め」の合図があるまで、このページ以外のところを見てはいけません。
2 問題用紙は、表紙を除いて10ページで、問題は4題です。
3 「始め」の合図があったら、まず解答用紙に小学校名、受験番号と氏名を記入し、次に問題用紙のページ数を調べて、異常があれば申し出なさい。
4 答えは、必ず解答用紙の答えの欄に記入しなさい。
5 印刷がはっきりしなくて読めないときは、だまって手をあげなさい。問題内容や答案作成上の質問は認めません。
6 「やめ」の合図があったら、すぐ鉛筆をおき、問題用紙と解答用紙を別にし、裏返しにして、机の上におきなさい。

問題用紙は持ち帰ってかまいません。

社　会　１

1　佐藤くんたちは聖徳太子についての調べ学習を行い、レポートを作成しました。下の佐藤くんたちのレポートを読んで、あとの各問いに答えなさい。

聖徳太子の業績

聖徳太子

法隆寺

調べてわかったこと

６世紀の終わりから７世紀の初めにかけて、聖徳太子は豪族の蘇我氏とともに、（　ア　）を中心とする政治のしくみを整えていきました。

太子は、大和朝廷の役人の位を１２段階に分けて、家がらではなく、本人の能力によって役人に取りたてました。また、役人の心得を示す（　イ　）をつくったといわれています。

太子は、中国に（　ウ　）たちを使者として送り、対等な国の交わりを結ぼうとしました。そして、留学生に仏教や文化、学問、中国の国家のしくみなどを学ばせました。

大陸から伝わった仏教を、（　ア　）中心の国づくりに取り入れようとしました。

問１　レポート中の（　ア　）～（　ウ　）にあてはまる語句を答えなさい。（　ア　）には同じ語句が入ります。

問２　佐藤くんたちはレポートを作成する過程で、いろいろな資料を参考にしましたが、佐藤くんたちが参考にしたと考えられる資料は次のうちどれか、①～④から１つ選び、記号で答えなさい。

①

徳	大徳	地位 高い
	小徳	↑
仁	大仁	
	小仁	
礼	大礼	
	小礼	
信	大信	
	小信	
義	大義	
	小義	
智	大智	
	小智	低い

②

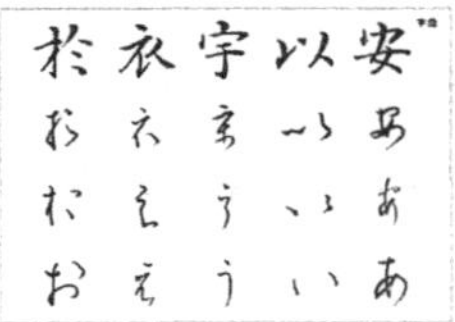

③

④

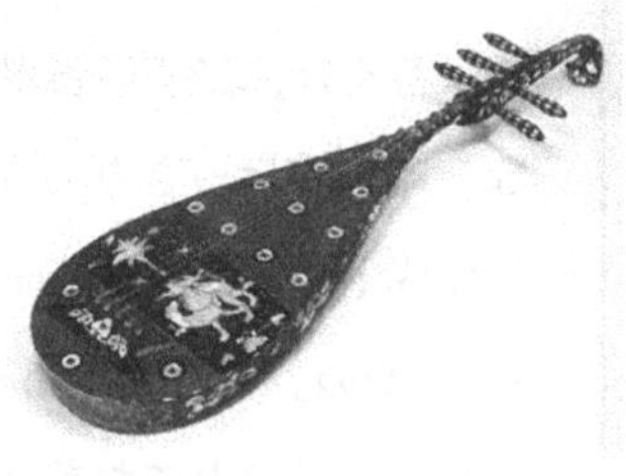

問3　佐藤くんたちはレポートを作成する中で、聖徳太子についていろいろな疑問をもちました。次の**A**・**B**の疑問は、下の①～④のどの資料から考え出された疑問か、もっともふさわしい資料をそれぞれ**一つずつ**選び、記号で答えなさい。

A　なぜ、聖徳太子は役人の心得を作成したのだろうか。
B　なぜ、聖徳太子は中国に使者を送ったのだろうか。

①

第1条　人の和を第一にしなければなりません。
第2条　仏教をあつく信仰しなさい。
第3条　天皇の命令は、必ず守りなさい。

②

中国では7世紀の初めに唐が中国を統一し大帝国を造りました。

③

法隆寺は、１９９３年に世界文化遺産に登録されました。現在の法隆寺は、６７０年に再建されたものだと考えられていますが、世界最古の木造建築です。

④

皇帝が受け取った手紙には「日ののぼる国の王から、日の沈む国の王に手紙を送ります。お元気ですか。」とありました。皇帝はこの手紙を見て、不愉快になりましたが、皇帝からも日本へ使者を送りました。

社　会　3

2　次の人物カードを参考に、あとの各問いに答えなさい。

カード1

源頼朝

平治の乱で平清盛にやぶれた源義朝の三男。
妻は北条政子。

１１９２年 武士のかしらとして征夷大将軍に任命された。
鎌倉（神奈川県）に幕府を開いた。
将軍と家来の武士との間に御恩と奉公の関係を築いた。

カード2

徳川家康

１５４２年　三河の小さな大名の子として生まれる。
１６００年　関ヶ原の戦いに勝つ。
１６０３年　征夷大将軍となり江戸（東京）に幕府を開いた。
１６１５年　豊臣氏をほろぼす。

カード3

西郷隆盛

薩摩藩出身。大久保利通とおさななじみ。
上野と鹿児島にそれぞれ銅像が立てられている。
対立する長州藩と同盟を結び、倒幕運動で活やくした。
明治新政府でも活やくする。
１８７７年　西南戦争でやぶれた。

カード4

小村寿太郎

宮崎県日南市に生まれる。
外務大臣としてアメリカと交渉をおこない、関税自主権を回復した。
日露戦争のとき、ロシアとの講和条約の全権大使だった。

問1　**カード1**について、源頼朝は鎌倉に幕府を開きました。なぜ鎌倉に幕府を開いたのか、右の写真を参考に説明しなさい。

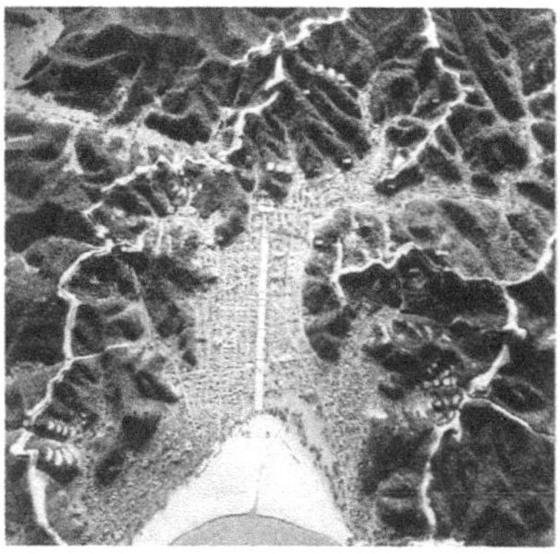

問2　**カード1**について、鎌倉時代におきた次の①〜④のできごとを年代の古い順に並べかえなさい。

① 裁判の基準となる御成敗式目がつくられた。
② 元の大軍が二度にわたって攻めてきた。
③ 承久の乱に幕府軍が勝ち、西国まで支配が広がった。
④ 源氏がとだえ、北条氏が政治の実権をにぎった。

問3　**カード2**に関連して、右の資料は江戸時代に制度化された参勤交代の絵図の一部である。江戸幕府が行った参勤交代の目的を説明しなさい。

問4　**カード2**に関連して、江戸時代について述べた次の①〜④の文章のうち、**ふさわしくないもの**を選びなさい。（答えは一つとはかぎりません。また、答えがない場合は「なし」と書いてください。）

① 浮世絵はヨーロッパにわたり、ゴッホの絵に影響をあたえた。
② お茶を飲む風習が広まり、静かにお茶を楽しむ茶の湯が始まった。
③ 歌舞伎が人気を集め、芝居小屋は多くの観客でにぎわった。
④ 関ヶ原の戦いで京都がすたれ、伝統的な祇園祭が行われなくなった。

問5　**カード3**について、西郷隆盛らが江戸幕府を倒し、明治政府として新しい政治をはじめた。新しい政治の方針として出されたのは、次の①〜④のうちのどれか選びなさい。（答えは一つとはかぎりません。また、答えがない場合は「なし」と書いてください。）

①

あらかじめ裁判の基準を決めておき、身分に関係なく公平な裁判を行うことができるように細かなことを記録しておくのである。これにより、朝廷の決まり、律令の決まりを改めるものではない。

②

一　政治は、広く会議を開き、多くの人々が意見を述べ合ったうえで決定しよう。
一　国民が心を一つにして、新政策を盛んにおこなおう。

③

一　取り上げた武器はむだにはしない。あたらしく大仏をつくるためのくぎなどに役だてる。
一　百姓は、農具だけをもって耕作にせいを出せば、すえながく幸せである。

④

わたしは、仏教の力によって、国じゅうが幸せになることを願っている。そこで国じゅうの銅を使って大仏をつくり、大きな山をけずってでも大仏殿を建てたいと思う。

社　会　5

問６　**カード４**について、小村寿太郎が関税自主権を回復したことで、不平等条約の改正が達成されました。関税自主権がなかった頃、日本にとってどのような不利な状況がうまれていたのか、**「安い外国製品」**、**「日本製」**の二つの語句を用いて説明しなさい。

3 次の地図を参考に、あとの各問いに答えなさい。

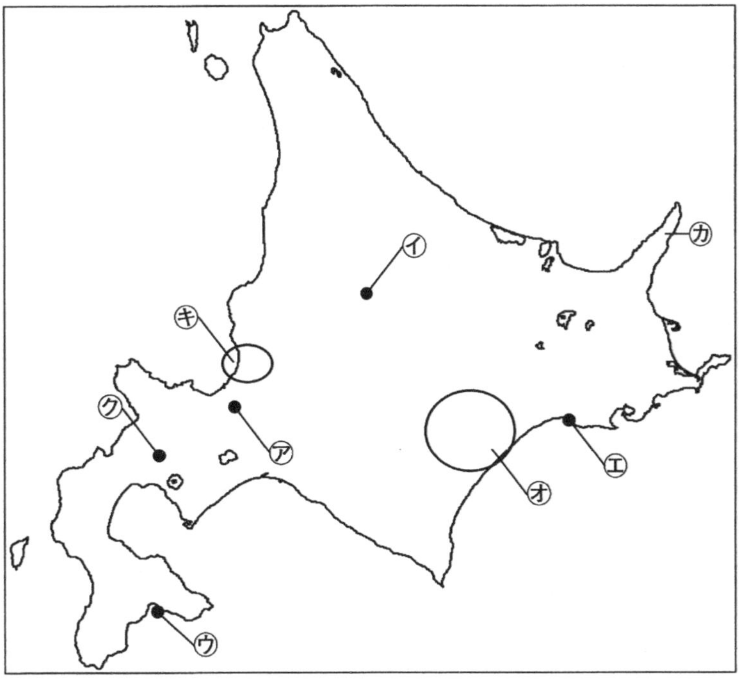

問1 地図中㋐～㋒で北海道の道庁所在地が置かれている都市を1つ選び、記号で答えなさい。また、その都市名も答えなさい。

問2 次のⒶ～Ⓒの雨温図は、地図中㋐の都市、香川県高松市、宮崎県宮崎市のいずれかを示している。雨温図と各都市の組合せとして正しいものを以下の表①～⑥から1つ選び、記号で答えなさい。

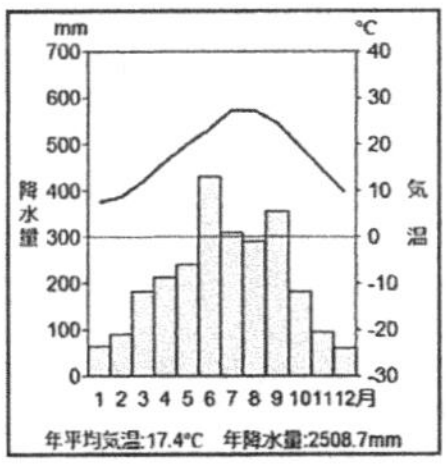

Ⓐ

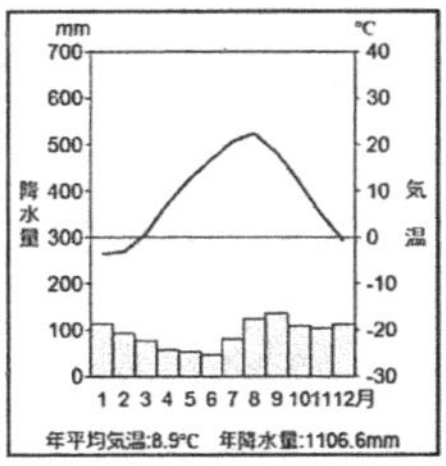

Ⓑ

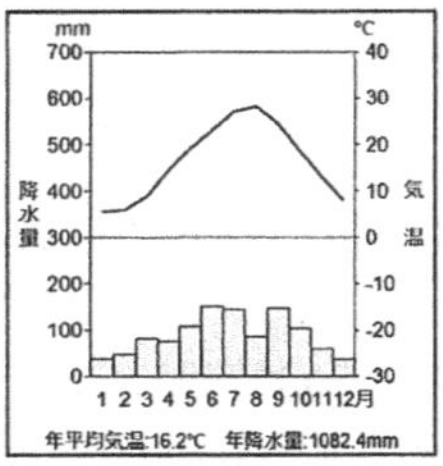

Ⓒ

	①	②	③	④	⑤	⑥
Ⓐ	㋐の都市	㋐の都市	高松市	高松市	宮崎市	宮崎市
Ⓑ	高松市	宮崎市	㋐の都市	宮崎市	㋐の都市	高松市
Ⓒ	宮崎市	高松市	宮崎市	㋐の都市	高松市	㋐の都市

問３　地図中㋓の都市に関して、地図中㋓は釧路市を示している。釧路市を中心とした次の２万５千分の１の地形図を参考に設問（１）～（４）に答えなさい。

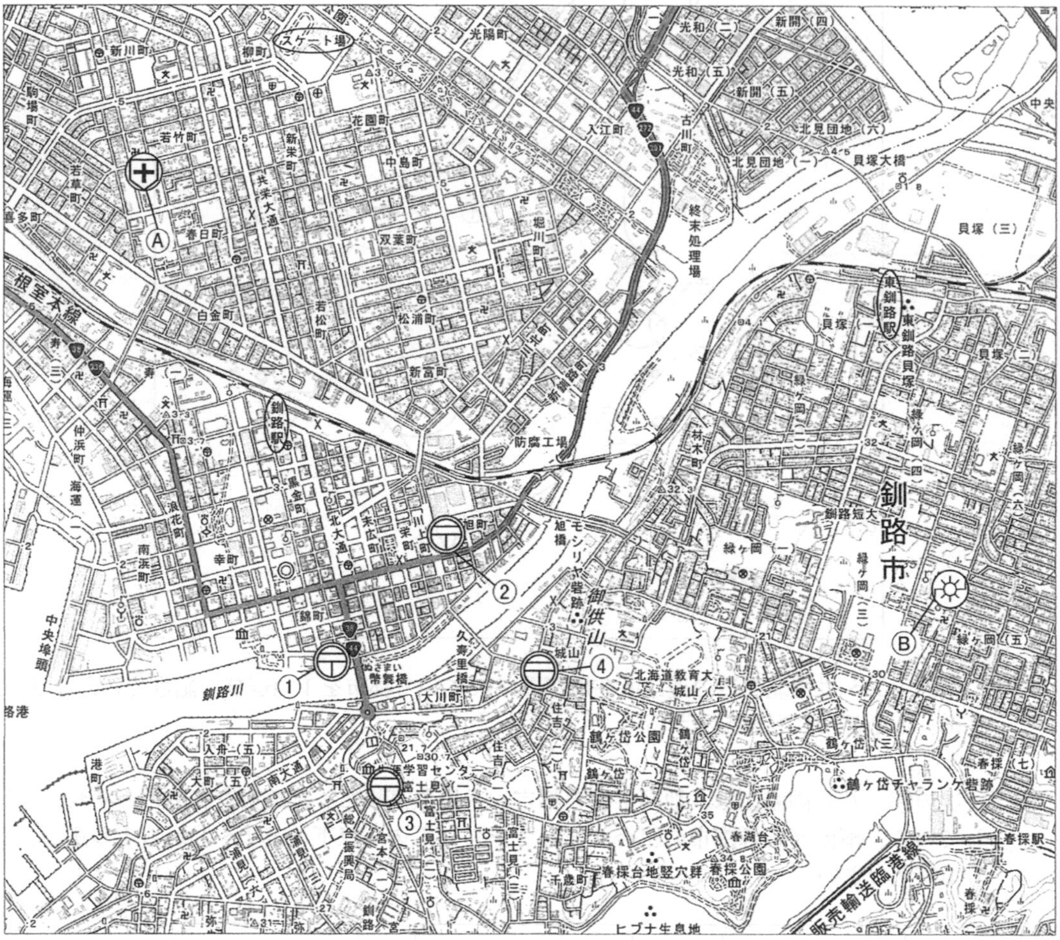

〈この地図は、国土地理院発行の２万５千分１地形図「釧路」（原寸、一部改変）を使用したものである。〉

（１）地形図中Ⓐ、Ⓑの地図記号の意味を答えなさい。

（２）地図中の釧路駅とスケート場は地図上の直線距離で約５ｃｍである。実際の直線距離として正しいものを次の①～④から１つ選び、記号で答えなさい。

①　1km　　②　1.25km　　③　1.5km　　④　1.75km

（3）次の先生とＡ君の会話文を参考に、Ａ君が職場見学をする郵便局として正しいものを前ページの地形図中①～④から１つ選び、記号で答えなさい。

A君：先生、僕たちの班はどこの郵便局に職場見学に行くことになりましたか？
先生：せっかくだから社会の復習もかねて地形図で確認してみようか。A君の班は、釧路駅に集合でしたね。それでは、まず釧路駅の南側に出てください。そうすると北大通りという通りがありますね。この北大通りを南に進んでいくと大きな十字路があります。十字路をそのまま直進していきましょう。しばらく歩くと、北海道の三大名橋の１つである幣舞橋（ぬさまいばし）が見えてきます。幣舞橋（ぬさまいばし）を渡り終えたら、図書館や博物館・美術館のあるほうへ進んでください。そうするとA君が職場見学をする郵便局が見えてきますよ。
A君：わかりました。職場体験、一生懸命頑張ってきます。

（4）次の①～④は、地形図中釧路駅から東釧路駅に電車で移動した際に車窓から見える景色の説明をしている。①～④から内容の**誤っているもの**を１つ選び、記号で答えなさい。

① 釧路駅を出発した直後、進行方向の右側には交番が見えた。
② 釧路川にかかる橋を渡る少し前、進行方向の左側には防腐工場が見えた。
③ 東釧路駅到着前の大きなカーブのところで、進行方向右側に神社が見えた。
④ 東釧路下車後、駅南には東釧路貝塚が見えた。

問４　地図中㋔は帯広市を示している。㋔の都市周辺には十勝平野が位置し、北海道の畑作の中心地となっている。北海道の畑作に関する設問（１）（２）に答えなさい。

（１）右の写真は北海道で生産１００％をほこる作物である。さとうの原料ともなるこの作物の名称を答えなさい。

（２）次の表**Ａ～Ｃ**は、小麦、だいこん、さくらんぼの収穫量の上位の都道府県を示している。それぞれの作物と表**Ａ～Ｃ**の組合せとして正しいものを以下の表①～⑥から１つ選び、記号で答えなさい。

表A（単位ｔ）

都道府県名	収穫量
北海道	１７２，３００
千　葉	１４０，０００
青　森	１２８，５００
全　国	１，３２５，０００

表B（単位ｔ）

都道府県名	収穫量
北海道	４７１，１００
福　岡	５４，９００
佐　賀	３６，９００
全　国	７６４，９００

表C（単位ｔ）

都道府県名	収穫量
山　形	１４，５００
北海道	１，５２０
全　国	１９，１００

（表A～Cの統計は，「日本国勢図絵２０１９／２０２０」を参照に作成）

	①	②	③	④	⑤	⑥
表A	小　麦	小　麦	だいこん	だいこん	さくらんぼ	さくらんぼ
表B	だいこん	さくらんぼ	小　麦	さくらんぼ	小　麦	だいこん
表C	さくらんぼ	だいこん	さくらんぼ	小　麦	だいこん	小　麦

問５　地図中㋕の半島に関する設問（１）（２）に答えなさい。

（１）㋕の半島名を答えなさい。

（２）次の①～④は、㋕の半島、男鹿半島（秋田県）、伊豆半島（静岡県）、志摩半島（三重県）のいずれかの説明である。㋕の半島の説明をしているものを①～④から１つ選び、記号で答えなさい。

①　太平洋に突き出た半島であり、夏の海水浴やダイビングが有名である。また代表的な温泉地が多数存在する。

②　オホーツク海に突き出た半島であり、海から陸へとつながる生態系がわかりやすく見られること、希少な動植物の生息地となっていることなどが評価され、２００５年に世界自然遺産登録された。

③　日本海に突き出した半島であり、国の重要無形民俗文化財の１つである「なまはげ」発祥の地として有名である。

④　太平洋に突き出した半島であり、リアス海岸が発達している。波が穏やかであることから、かきやしんじゅなどの養殖が盛んである。

問６　地図中㋖に関して、設問（１）（２）に答えなさい。

（１）地図中㋖の地域を河口にもつ河川の名称を答えなさい。

（２）次の表は河川の長さと流域面積のそれぞれ３位までの河川を示している。また、表中①～③は地図中㋖を河口にもつ河川、利根川、信濃川のいずれかを示している。地図中㋖を河口にもつ河川として正しいものを①～③から１つ選び，記号で答えなさい。

順位	河川の長さ	流域面積
1位	①（３６７km）	②（１６，８４２km²）
2位	②（３２２km）	③（１４，３３０km²）
3位	③（２６８km）	①（１１，９００km²）

（表の統計は、「日本国勢図絵２０１９／２０２０」を参照に作成）

問７　地図中㋗に関して、地図中㋗はニセコ町を示している。次の表はニセコ町におけるオーストラリア、ニュージーランドの観光客入込状況を表している。この統計から、１２月～３月の観光客数が多いことが読み取れる。この理由を「季節」と「南半球」という言葉を使用して説明しなさい。

オーストラリア	月	4月	5月	6月	7月	8月	9月
	宿泊客数	１０５人	３６人	２８人	２１人	２３人	１３人
	月	１０月	１１月	１２月	１月	２月	３月
	宿泊客数	１００人	６６人	２，２３２人	７，８４２人	８，１６１人	２，８２２人
ニュージーランド	月	4月	5月	6月	7月	8月	9月
	宿泊客数	０人	０人	０人	０人	１人	０人
	月	１０月	１１月	１２月	１月	２月	３月
	宿泊客数	６人	０人	９４人	２８８人	１７３人	６０人

（統計は、ニセコ町ホームページ「ニセコ町の観光客入込状況平成３０年度～訪日外国人編～」を参考に作成）

4　たけるさんとさやかさんの会話文を読んで、次の各問いに答えなさい。

たけるさん：この前お姉ちゃんと一緒にまちを歩いていたら、多くの自転車が、歩道じゃなくて車道を走っていたよ。

さやかさん：それは、a 法律で定められているからだよ。歩行者と自転車の通る道が分けられた歩道が設置されているところもあるよ。

たけるさん：そうなんだ。自転車といえば、駅前の駐輪場の近くの歩道に自転車があふれかえっていて、通る人たちがとても困っているってお母さんが言っていたよ。
どうしたら解決できるんだろうね。

たけるさん：この前の社会科の時間で学んだように、b 解決するためには、私たちが自分の問題としてとらえて、行動していくことが大切だよね。

さやかさん：自分の問題としてとらえるって大事だよね。ところで、私には障がいを持つ妹がいるんだけど、そんなところは車いすじゃ通れないよね。そういえば、c この前お母さんと妹と一緒にコンサートにいったら、会場がせまいことを理由に、車いすでの入場を断られたよ。

たけるさん：へぇ～、そんな理由で車いすの人を排除していいのかなぁ？もっとだれもがくらしやすいまちにしていかないとね。

問１　下線部aについて、**たけるさん**は、法律について調べてみることにしました。たけるさんが調べた内容として、正しいものを次の**ア～エ**から選びなさい。なお、答えは複数ある場合もありますし、まったくない場合もあります。ない場合は「なし」と答えなさい。

ア　内閣は、法律や予算に基づいて、政治を行う。
イ　「元日」は、「国民の祝日に関する法律」で定められている。
ウ　裁判所は、さまざまな争いごとや犯罪を法律に基づいて解決する。
エ　法律は、衆議院と貴族院において多数決で決める。

問２　下線部bについて、**たけるさん**は、この問題を解決するためにどんな方法があるか、社会科の授業ノートで確認しました。たけるさんがノートに書いていたと思われる方法を一つ書きなさい。

問３　下線部cについて、**さやかさん**は、この問題が、日本国憲法の三原則の一つに関連する重要な問題であると考えました。その原則を書きなさい。

令 和 3 年 度

宮崎第一中学校　入学者選抜学力検査問題

（1月9日　第4時限　11時10分～11時40分）

理　　　科

（前　　期）

（注　　　意）

1．「始め」の合図があるまで，このページ以外のところを見てはいけません。
2．問題用紙は，表紙を除いて4ページで，問題は3題です。
3．「始め」の合図があったら，まず解答用紙に小学校名，受験番号と氏名を記入し，次に問題用紙のページ数を調べて，欠けているページがあれば申し出なさい。
4．答えは，必ず解答用紙の答えの欄《らん》に記入しなさい。
5．印刷がはっきりしなくて読めないときは，しずかに手をあげなさい。問題内容や答案作成上の質問は認めません。
6．「やめ」の合図があったら，すぐに鉛筆をおき，問題用紙と解答用紙を別にし，裏返しにして，机の上におきなさい。

問題用紙は持ち帰ってかまいません。

理　科　1

1　次の問いに答えなさい。

(1)　おもりのついたふりこを５往復させたところ，7.1秒かかった。1往復するのにかかる時間は何秒か小数第２位まで答えなさい。

(2)　ふりこの長さと１往復するのにかかる時間の関係を調べ，表１にまとめた。以下の問いに答えなさい。

ふりこの長さ【cm】	25	50	75	100	X	225	Y	625
１往復するのにかかる時間【秒】	1	1.4	1.7	2	2.8	3	4	5

表１　ふりこの長さと，１往復するのにかかる時間の関係

①　表１のX，Yにあてはまる数字を答えなさい。

②　おもりの重さを２倍にして実験を行った場合，１往復にかかる時間はもとの何倍になるか。次の**ア〜エ**から選び，記号で答えなさい。

ア　0.5倍　　**イ**　1倍　　**ウ**　2倍　　**エ**　4倍

③　ふりこのふれはばを２倍にして実験を行った場合，１往復するのにかかる時間はもとの何倍になるか。次の**ア〜エ**から選び，記号で答えなさい。

ア　0.5倍　　**イ**　1倍　　**ウ**　2倍　　**エ**　4倍

2 次の問いに答えなさい。

(1) 次の文は，スチールウールを燃やしたときの実験について述べたものである。空らんにあてはまる語句を答えなさい。

燃焼皿にのせたスチールウールに火をつけ，石灰水が入ったビンの中にいれた後，ふたをしてから，スチールウールが燃え終わるまでまった。スチールウールが燃え終わってから，スチールウールをとり出した後，ふたをしてからビンをふると，石灰水の色は変化しなかった。このことから，スチールウールを燃やしたときに，（　　　　　　　　）が発生していないことが分かる。

(2) 銅の粉末をステンレス皿に入れ，よくかき混ぜながら加熱すると，銅は酸素と結びついて黒色の物質に変化した。加熱する前の銅の粉末の質量と，加熱後の黒色の物質の質量を調べ，表２にまとめた。なお，銅は加熱した際，酸素とのみ結びつくものとする。以下の問いに答えなさい。

加熱する前の銅の粉末の質量【g】	0.2	0.4	0.6	0.8	1.0
黒色の物質の質量【g】	0.25	0.5	0.75	1.0	1.25

表2　加熱する前の銅の粉末と，黒色の物質の質量の関係

①　加熱する前の銅の粉末の質量と，結びついた酸素の質量の関係をグラフに書きなさい。

②　加熱する前の銅の粉末の質量と，結びついた酸素の質量との間には，どのような関係があるといえるか答えなさい。

③　銅の粉末を2.0ｇ加熱したとき，結びついた酸素の質量は何ｇか，答えなさい。

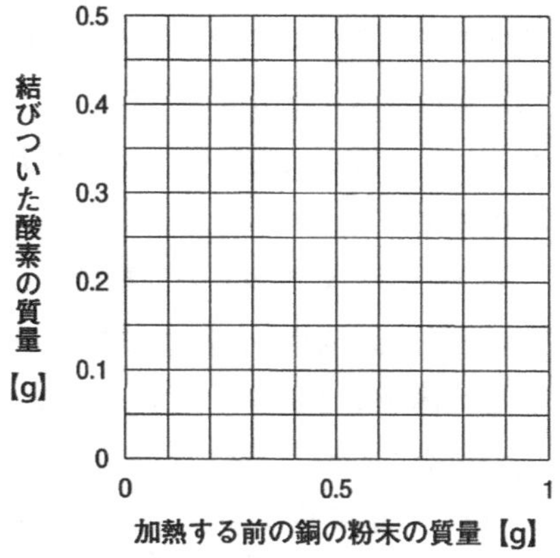

理 科 3

3 るりさん，ふうまくん姉弟は先生から生物に関する話を聞きました。次の文は２人が聞いた先生の話です。以下の問いに答えなさい。

ヒトもふくめて，生物は細胞《さいぼう》とよばれるつぶの集まりでできています。例えば，おにぎりを思いうかべてみてください。そのおにぎりのご飯つぶが細胞としたら，そのかたまりであるおにぎりが生物ということになります。細胞には中心付近に核《かく》とよばれるつくりがあります。ここには生物にとって大切な『DNA（ディーエヌエー）』という，ひものようなものがはいっています。DNAには生物の姿かたち，性質を生み出すために必要な情報がつまっています。DNA はすべての生物が共通して細胞の中にもっているもので，イヌ，ネコ，アサガオやキノコ，そしてどんなに小さなミジンコのような生物も，このDNAの情報から，その姿かたちがつくられています。DNAは生物をつくる設計図と言えるかもしれません。生物の種類によって，DNAのもっている情報は異なっているので，姿かたち，性質がちがう生物ができるのです。見た目が全然ちがう生物であっても，DNAという設計図で体がつくられていることはすごいことですね。

さて，DNAはふつう，細胞の中では染色体《せんしょくたい》とよばれる状態になっています（先生が『染色体』を示した（図１））。染色体をつくっているDNAは，切れ目がなくつながっています。ヒトの体の細胞には，ふつう細胞１つあたり46本の染色体があります。染色体の数は，生物の種類ごとに異なります。ヒトの染色体は少し数が多いので，今回は染色体の数が少ない，ハエの体の１つの細胞にはいっている染色体を見てもらいます（先生が『ハエの細胞の染色体』を示した（図２））。どの染色体も，様々な形や大きさに見えますが，よく見てみると，形や大きさが同じものが２本ずつあります。この２本のペアのことを，相同染色体《そうどうせんしょくたい》と呼んでいます。このハエの場合，染色体は８本あるので，相同染色体は４組あることになりますね。実は相同染色体は，一方が父親，もう一方は母親からうけついだものです。

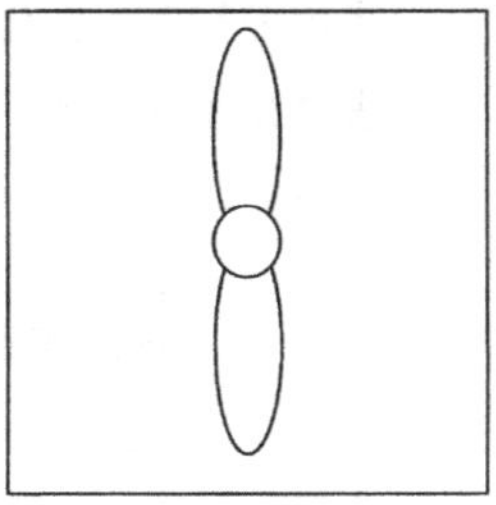

図１　染色体

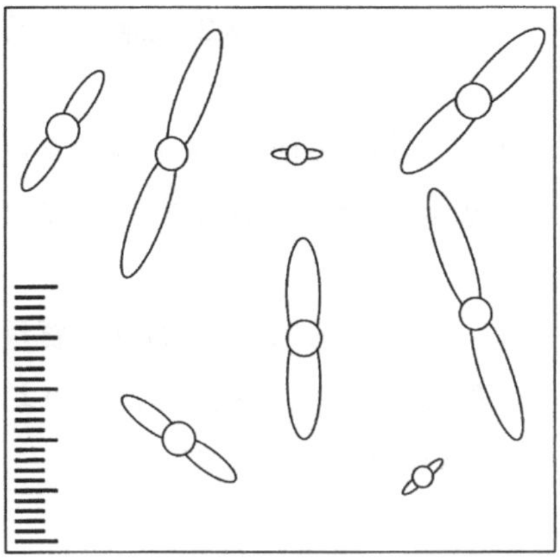

図２　ハエの細胞の染色体

ヒトをふくめて多くの動物は，ひとつの（　ア　）という細胞が成長し，細胞の数がどんどん増えていくことで体ができあがります。（　ア　）は，オスの体内でつくられた（　イ　）とメスの体内でつくられた（　ウ　）が受精することでできます。（　イ　）や（　ウ　）のような生殖細胞《せいしょくさいぼう》とよばれる細胞に限っては，相同染色体それぞれのペアの片方がはいっています。つまり，先ほどのハエのオスとメスの生殖細胞１個の中には，（　エ　）本の染色体がはいっていることになりますね。実はこのハエの１個の生殖細胞にはいっている染色体

（令和三年度）

国語解答用紙

（前期用）

合計

※100点満点
(配点非公表)

学校名　　小学校

受験番号

氏名

㊟ 合計欄《らん》・小計欄には何も記入しないで下さい。

一

問一

a

b

c

問二

問三

問四

★

問五

という進化。

問六

問七

ア

イ

ウ

エ

オ

小計

(令和二年度) 国語解答用紙

3	(1)	cm³	(2)	cm	(3)	cm以下

小計	

4	(1)	円	(2)	円	(3)	円以上

※

小計	

5			
(1)	回転		
(2)	記　号	【理由】	

※

小計	

※

合計	

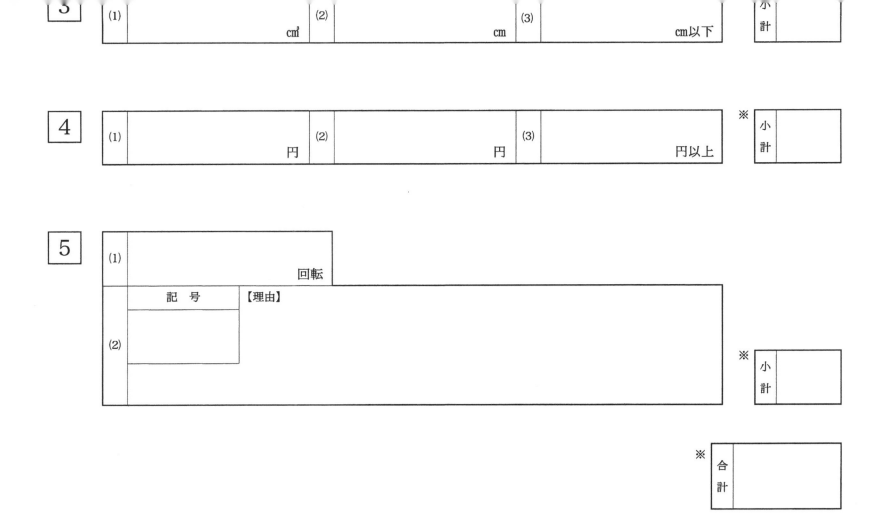

3

問1		問2
記号	都市名	

問3					
(1)	Ⓐ	Ⓑ	(2)	(3)	(4)

問4		問5	
(1)	(2)	(1)	(2)

問6	
(1)	(2)

問7

小計	

4

問1	問2
問3	

小計	

小計	

3

(1)			
ア	イ	ウ	エ

(1)	(2)
オ	

(3)

(4)	
記号	書きかえ
記号	書きかえ
記号	書きかえ

小計	

（令和３年度） 理　科　解　答　用　紙 （前　期　用）

学校名	小学校	受験番号		氏　名	

㊟　合計欄・小計欄は何も記入しないで下さい。

合計	※50点満点（配点非公表）

1

(1)					
秒					
(2)					
①	X	Y	②		③

小計	

2

(1)	(2)		
	①		②
			③

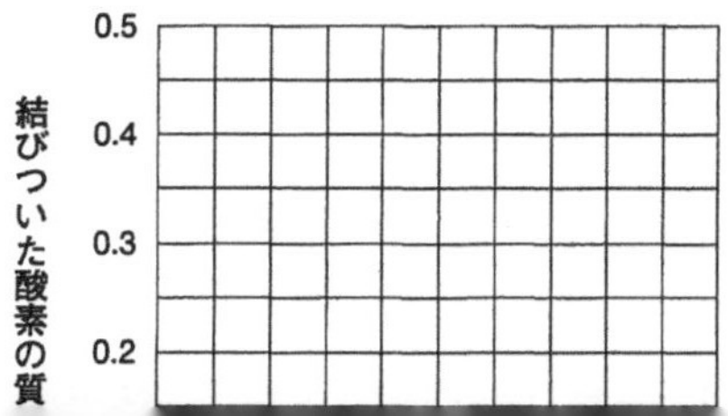

【解答

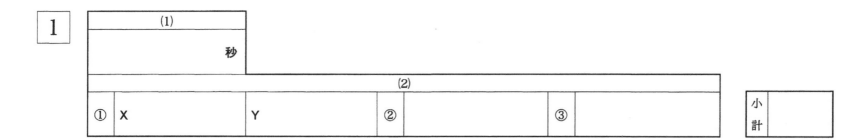

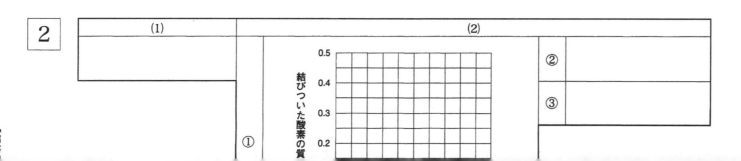

(令和3年度) **社　会　解　答　用　紙** (前期用)

学校名	小学校	受験番号		氏　名	

(※)合計欄は記入しないで下さい。

(※)解答は指定された所以外、漢字でもひらがなでもかまいません。

合計	※50点満点 (配点非公表)

1

問1			問2
ア	イ	ウ	

問3	
A	B

小計	

2

問1	問2	
	➡　➡　➡	
問3	問4	問5
問6		

小計	

【解答用

（令和３年度）算　数　解　答　用　紙（前　期　用）

学校名	小学校	受験番号		氏 名	

〔注意〕 ① 答えを分数で書くときは，約分した形で書きなさい。
② 円周率は，3.14 とします。

㊟ 合計欄・小計欄には何も記入しないで下さい。

合計	※100点満点（配点非公表）

※のらんには、何も記入しないこと。

1

(1)		(2)		(3)		(4)		(5)	
(6)		(7)		(8)		(9)		(10)	

※

小計	

2

(1)		(2)		(3)	個	(4)	g
(5)	時速　km	(6)		(7)	cm²		

※

小計	

【解答用

【解答用

小　計

二

問二

問三

問四

問五

問六

小　計

三

問一
① ② ③ ④ ⑤ ⑥ ⑦ ⑧ ⑨

問二
① す
② いる
③
④ く
⑤

問三
① ② ③ ④

のセットには，そのハエの体のすべてをつくりあげる設計図がはいっています。ヒトもふくめて，多くの生物はこのしくみをもっています。１個の生殖細胞にはいっているDNAの設計図の情報１セットのことを，私たちはゲノムと呼んでいます（先生が『ハエのゲノムの染色体』を並べた図を示した）。つまり，（　ア　）のゲノムは（　オ　）セットある状態ですね。（　ア　）が成長し体ができあがる際に，１つの細胞あたりにふくまれる染色体の数はもちろん，その情報も変化しません。つまり，たくさんの細胞でできている，るりさん，ふうまさんの体は，すみずみまで『あなたの情報』のみでうめつくされています。しかし，体の外側には『あなたの情報』は存在しません。『あなたの情報』をもつのはあなただけ，つまりあなたは世界でただ一つの存在ということです。

(1)　文章中の空らん（　ア　）～（　オ　）に入る適当な言葉を答えなさい。

(2)　ハエの生殖細胞には何本のDNAがはいっていると考えられるか，答えなさい。

(3)　下線部について，先生が示した図はどのようなものであったと考えられるか。図２をもとに作図しなさい。また，染色体は図１のように，縦にまっすぐ立てた状態で，左側から大きい順に並べなさい。なお，図２と解答用紙に示した目盛りの長さは同じものとする。

(4)　次の文章は，先生の話を聞いたるりさんが，その内容にもとづいて，思ったことをまとめ，先生に提出したものである。下線部**カ～タ**の中から，まちがいをふくむものを３つ選び記号で答えなさい。また，それぞれについて，正しく書きかえなさい。

　生物は細胞というつぶの集まりで，ヒトも同じようにできています。カ細胞の中には核がはいっていて，キ核の中には染色体がはいっています。染色体はDNAでできていて，このDNAの情報からヒトの体がつくられています。ヒトの場合，１つの細胞あたりにふくまれる染色体はク46本，DNAはケ46本で，これだけの数の小さな物体が，私たちの体をつくることにはおどろきました。私たちの体のごく一部，たとえば私の手にある１つの細胞にもコ１組のゲノムがあり，これは私以外だれももたないということを学びました。

　私とふうまは姉弟だけど，ふたごの場合はどうなるのでしょうか。私の考えでは，顔がよく似ている一卵性のふたごは，サ同じ情報のDNAをもったシ２つの受精卵がそのス情報をたもったまま成長することで，誕生すると思います。そして，顔の似てないことが多い，二卵性のふたごは，セ同じ情報のDNAをもったソ２つの受精卵がタ情報を変えながら成長することで，誕生すると思います。一卵性のふたごの場合，私の体の外側に『私の情報』がある状態なのかな，と思いました。

2021(R3) 宮崎第一中
K 教英出版